아파트변호사 오민석의
공동주택
이야기

아파트변호사 오민석의 공동주택 이야기

초판 2쇄 발행 2016년 1월 20일
초판 1쇄 발행 2015년 11월 20일

지은이 오민석
펴낸이 정순구
책임편집 정윤경
기획편집 조수정 조원식
디자인 김진디자인
마케팅 황주영

출력 블루엔
용지 한서지업사
인쇄 한영문화사
제본 한영제책사

펴낸곳 가회동
등록 제300-2007-139호. (2007.9.20)
주소 10497 경기도 고양시 덕양구 화중로 100, 506호 (화정동 비젼타워21)
전화 02-741-6123~5
팩스 02-741-6126
이메일 yukbi88@naver.com

ⓒ 오민석, 2015
ISBN 978-89-7696-852-4 13320

책값은 표지 뒷면에 표시되어 있습니다.
잘못 만들어진 책은 구입하신 서점에서 바꾸어 드립니다.

아파트변호사 오민석의

공동주택 이야기

오민석 지음

가희동

추천의 말

오민석 변호사는 공동주택 관련 법률 전문가입니다. 이 칼럼집에는 오 변호사가 지난 15년간 쌓아온 창의적 발상과 따뜻한 시각이 담겨 있습니다. 슬쩍 넘기면서 제목만 훑어봐도 흥미로운 주제들이 많습니다. '아파트와 풀뿌리 민주주의', '열린 이웃과 살아가기', '체납관리비 떠넘기기는 이제 그만', '입주자대표회의가 봉인가'…. 제목에서도 드러나듯 일상의 세세한 문제에서부터 정부와 지자체의 공동주택관리 정책을 비판하는 굵직한 사안들까지 공동주택에 관한 많은 논쟁과 이야기들이 다양합니다.

저는 서울특별시 공동주택관리의 시정책임자로서 참고할 만한 좋은 이야기들을 잘 살펴보겠습니다. 오민석 변호사의 건강한 정책제안을 감사하게 생각합니다. 모쪼록 이 칼럼집이 우리나라 공동주택관리업무의 발전과, 아름다운 공동체 문화 조성에 큰 이정표가 되길 바랍니다. 공동주택 문제에 관심이 있는 모든 분들께 일독을 권합니다.

—서울특별시장 박원순

오민석 변호사는 한국아파트신문 필진 중 가장 권위 있는 인기 칼럼니스트입니다. 그의 칼럼에는 아파트의 정치, 경제, 사회, 문화가 오롯이 녹아 있습니다. 공동주택관리에 관계된 당대의 가장 뜨거운 이슈를 법률 전문가로서 전문성과 시의성을 담아 누구나 이해하기 쉽게, 그리고 보편적인 시각으로 풀어냅니다. 그의 글은 늘 명쾌합니다. 변호사답습니다. 그러면서 쉽고 선명합니다. 글맛이 살아 있습니다.

2009년부터 한국아파트신문에 발표했던 글을 모아 책을 엮었습니다. 주택관리사를 비롯한 공동주택관리 관련 종사자는 물론이고, 동대표와 일반주민들 그리고 학자, 정책입안자 등 거의 모든 사람들에게 유용한 책이 될 것입니다. 공동주택관리에 관하여, 그리고 공동체 생활에 대하여 깊은 지식과 폭 넓은 이해를 얻을 수 있을 것입니다. 지난 6년간 한국아파트신문의 지면을 빛내준 저자에게 감사드리며 앞으로도 계속 좋은 글을 기대합니다.

―한국아파트신문사 대표이사 황용순

우리 사회의 축소판, 공동주택

2009년 여름 한국아파트신문사로부터 매달 한 차례씩 칼럼을 실어줄 것을 의뢰받았다. 공동주택 관련 전문변호사로 일해왔을 뿐, 글솜씨도 통찰력도 부족한 필자에게 이 일이 얼마나 고역이었는지 모른다. 맞든 틀리든, 필자가 그때그때 느꼈던 고민의 파편을 솔직담백하게 풀어놓자는 일념으로 시작한 것이 어느새 6년이 되었다.

귀한 지면을 오래 허락해주신 한국아파트신문사 황용순 사장님 이하 임직원들께 감사하고, 독자들께는 송구할 따름이다. 그동안 칼럼에 호응하는 의견을 보내준 독자도 계셨고, 드물게는 필자의 견해가 공동주택 관련 행정에 반영되는 경우도 있어 많은 보람을 느꼈다.

최근, 칼럼을 모아 책으로 내보라는 의견이 있어 손사래를 쳤었다. 그런데 한 지인으로부터 우리나라 공동주택 역사의 한 페이지를 기록하는 것도 의미있는 일 아니냐는 충고를 듣고 용기 내어 출간에 이르게 되었다. 그러니 이 책은 내 개인의 기록이 아니라 우리나라 공동주택 문화와 정책이 지나온 길을 잠시나마 되돌아보는 자료로 받아들여졌으면 한다.

    책은 입주자들이 읽고 생각해보았으면 하는 글과 주택관리사나 공동주택 관리 정책을 고민하고 일선에서 시행하는 분들이 참고하였으면 하는 글, 두 주제의 장으로 편의상 분류했으나 함께 고민하고 생각을 나누기 위해서라도 모두 읽어보시길 권한다. 독자들의 편의를 위해 각 글 하단에 해시태그를 달았다.

    전 국민의 반 이상이 거주하는, 내가 현재 살고 있는 공동주택의 모습은 우리나라 정치, 경제, 사회, 문화의 축소판이다. 동대표 선거를 치르는 것이 정치요, 입주자들로부터 징수한 관리비로 각종 공사와 서비스를 구매하는 것이 경제이며, 부녀회 등 자생단체를 구성하고 활동하는 것이 사회이고, 단지 내 북카페와 독서실을 운영하는 것이 문화이다. 손 뻗으면 닿을 곳에 있는 공동주택의 정치, 경제, 사회, 문화를 올바로 세우는 것이 곧 우리나라를 바로세우는 첫걸음이라 할 수 있다. 정부와 지자체, 언론, 그리고 뜻있는 입주자들은 이제 공동주택을 주요한 재산으로만 보는 관점에서 벗어나 거주와 문화의 공동체로 바라보는 시각의 전환을 이루어가고 있다. 이 분야에 종사하는 전문가의 한 사람으로서 이런 흐름을 더 힘차게 이끌고 나가야 한다는 무거운 책임을 느낀다. 이 책의 출간도 그런 희망과 책임에서 나온 것으로 이해해주시길 바란다.

                                          —2015년 10월 19일 오민석

차례

추천의 말 | 4
서문 우리 사회의 축소판, 공동주택 | 6

제1부 공동주택에서 살아가기 : 입주자를 위한 도움글

아파트와 풀뿌리 민주주의 | 12
입주자대표회의는 만능이 아니다 | 15
열린 이웃과 살아가기 | 18
입주자대표의 자격에 대한 단상 | 21
'소송중독'도 병이다 | 24
하자보수 분쟁을 조정한다고? | 27
입주자대표회의가 봉인가? | 30
주택법과 집합건물법, 무엇이 우선인가 | 34
시·도 공동주택 관리규약준칙의 중요성 | 37
공정하고 자율적인 선관위를 위하여 | 40
마음이 따뜻한 아파트 생활 | 43
어느 입주자대표의 사직서 | 46
자치단체장 시정명령을 위반한 계약의 효력 | 49
관리규약의 효력을 정지시키려면? | 52
법무부의 집합건물법 개정시안과 하자보수 | 55
주택법에 의한 과태료 부과를 다투는 방법 | 59
단지 내 도시가스 정압기를 보셨나요? | 62
서면동의서 효력은 언제 발생할까? | 65
지자체장의 입주자대표회의 구성 신고 반려 | 69
설계상 하자는 사업주체의 책임이다 | 73
관리비 체납자의 입주자대표 자격 | 76
하자보수보증금과 변호사 비용 | 80

입주자대표의 손해배상책임 | 83
입주자대표의 해임투표와 선관위의 권한 | 86
층간소음, 바꿔 살아볼까요? | 89
지자체장의 감독권한과 선거관리위원회 | 92
'스마트아파트'와 열린 이웃공동체 | 95
세입자의 입주자대표회의 참여 | 98
입주자대표 후보자의 범죄경력 공개 | 101
거주지 변경과 입주자대표의 자격상실 여부 | 105
개인정보보호도 입주자대표회의의 의무다 | 109
보궐선거와 입주자대표의 중임제한 | 113
입주자대표 선거에 대선거구제를 도입하자 | 117
평등선거 원칙과 입주자대표 선거 | 120
동별 대표자 결격 사유 어떻게 판단할까? | 124
입주자대표 선출을 위한 선거구 조정 | 128
지긋지긋한 '갑질'의 연쇄 끊어내기 | 132
임차인대표회의 임원선출은 어떻게? | 135
양날의 칼, 공동주택의 외부회계감사 | 139
합리적이고 투명한 아파트 감사를 위하여 | 143
입주자대표회의 공익대표자 위촉에 대한 우려 | 147
자치단체 지원금이 줄줄 샌다 | 151

제2부 공동주택 관리하기 : 행정·관리 담당자를 위한 도움글

주택관리사도 전문직이다 | 156
체납관리비 떠넘기기는 이제 그만 | 159
주택관리업무와 고문변호사의 필요성 | 162
감사원의 아파트관리비 감사가 나아갈 길 | 165
주택관리사보 자격시험을 상대평가제로 | 168

관리소장의 손해배상책임과 공제사업 │ 172
주택관리업자 선정은 적격심사제가 제격 │ 176
오피스텔에도 주택법을 적용하라 │ 180
공동주택관리의 선진화를 위하여 │ 183
공동주택관리행정도 주택관리사가 │ 186
주택관리사 단체의 난립에 대한 우려 │ 189
배우고 또 익히는 주택관리사들 │ 192
청소, 경비노동자들의 한숨 │ 195
공동주택관리 선진화를 위한 발걸음 │ 198
지자체의 공동주택 지원정책에 대한 기대 │ 201
공개경쟁입찰의 의미 │ 204
주택관리업자 선정과 등록자본금 보유금액 │ 207
관리소장의 권한은 존중되어야 한다 │ 210
주택법과 집합건물법, 혼돈은 이제 그만 │ 213
주택법과 관리소장의 손해배상책임 │ 216
집합건물 구분소유자의 공용부분에 대한 권리 │ 219
관리소장의 전기안전관리자 겸직, 불법일까? │ 222
공동주택관리 지원기구의 설립에 대한 염원 │ 225
주택관리사 과잉공급, 어찌할 것인가 │ 228
재난에 대응하는 우리의 자세 │ 231
주차장 화재사고, 조심 또 조심 │ 234
최저임금 인상이 관리서비스에 미치는 영향 │ 238
관리사무소 직원인사는 관리업체의 권한 │ 242
누가 또 아파트관리를 줄 세우려 하나 │ 246
주택관리사의 자격정지, 취소제도에 관하여 │ 250
주상복합건축물의 의무관리대상 소급적용 │ 254
공동주택관리시대의 개막 │ 257
아이들 밥 챙겨주는 엄마 같은 아파트 │ 261

제1부

공동주택에서 살아가기

입주자를 위한 도움글

아파트와 풀뿌리 민주주의

 온 나라가 시끄럽다. 미디어관련법의 국회 본회의 통과를 두고 한쪽에선 적법한 절차에 따른 불가피한 의결이었다고 주장하나 반대편에서는 민주주의 후퇴를 가져오는 악법의 날치기 통과라면서 의원직을 사퇴하고 장외투쟁을 하겠다고 으름장을 놓는다. 미디어관련법이 의결되던 날 국회의사당은 회의장 출입봉쇄를 위해 쌓아놓은 집기류와 연단 점거를 위한 의원들 간의 몸싸움, 보좌관들의 인의 장막 등으로 전쟁터를 방불케 했다.
 그런데 쟁점이 되고 있는 미디어관련법이 국민생활과 경제에 어떠한 영향을 미치는 것인지는 알 수 없다. 심지어 법안을 직권상정한 국회의장조차 미디어관련법이 민생과 직결되지 않는다는 점을 자인했다. 서민생활은 발등의 불처럼 위태하기만 하고, 글로벌경제 상황도 한 치 앞을 예측할 수 없을 만큼 숨 가쁘게 급변하고 있다. 그런데 민생이나 경제와 연결시키기 어려운 법안을 두고 선량들이 도저히 타협할 수 없다는 듯 목숨 걸고 싸우는 꼴은 시정잡배와 다를 바가 없으니 참 한심한 노릇이다.

언론도 시중의 여론도 국회의 이런 풍경에 비판을 쏟아낸다. 국민의 의식 수준과 우리 사회의 민주화 정도를 따라오지 못하는 정치권이 마치 별종이라도 되는 듯이 말이다. 그런데 과연 그럴까? 그들 개개인은 누구보다 유능하고 뛰어난 혜안을 가진 동량들일 텐데 국회에만 가면 사람이 변하기라도 하는 것일까? 국회의원 선거 때마다 정치권 물갈이가 이루어진 것이 벌써 몇 번인데 국회가 싸우는 모습은 매번 비슷하니 이 무슨 조화란 말인가.

사실 필자는 국회에서 일어나는 정쟁과 몸싸움, 협상 테이블을 벗어난 실력행사와 같은 행태들을 자주 접한다. 바로 내가 살고 있는 아파트 단지에서다. 평소에 어디 붙어 있는지도 모르는 입주자대표회의실과 관리사무소에서 흔히 벌어지는 일이다. 배울 만큼 배운 사람들이 모여 살건, 고급 승용차가 주차장에 즐비하건 그 모습은 많이 다르지 않다. 대표회장 선출, 업체선정, 부녀회나 노인회 같은 자생단체의 관리감독과 관련해서 입주자대표들이, 관리주체와 주민들이, 부녀회와 대표회장이 서로 갈등하고 대립한다. 대화와 타협보다는 실력행사와 소송이 난무한다. 대다수 입주자들은 알지도 못하는 내용을 두고 그들만의 전쟁이 벌어지는 것이다. 경찰과 검찰, 법원은 날이 갈수록 늘고 있는 아파트 내 분쟁과 송사로 몸살을 앓고 있다.

입주자대표와 관리주체도 주민들이 선출하고 선정한 사람들이다. 그런데 주민들은 그들이 하는 일을 잘 알지 못하고, 믿지도 않는다. 그들도 주민들을 위한 일보다는 그들 자신을 위한 일을 한다. 그렇게 곪은 상처가 터지면서 실력행사와 고소, 고발, 소송이 꼬리에 꼬리를 문다. 작은 정치판을 보는 듯하다. 사람들이 민주주의와 법치를 안다는 것만으로 그 사회가 저절로 민주사회, 법치국가가 되는 것은 아니라는 점을 우리 아파트 생활이 여실히 증명하고 있다.

다행스럽게도 많은 아파트에서는 능력 있고, 소양을 갖춘 분들이 입주자대표와 부녀회, 노인회 등에 참여해 풀뿌리민주주의를 실천해 가는 모습을 보여주고 있다. 그런 모범적인 단지의 모습을 따라가기 위해 노력하는 단지들도 많이 보인다. 새로운 정치인 몇몇을 국회로 보내는 것으로 정치권이 새로워지기를 기대하는 것은 무리다. 우리 주변, 우리 아파트의 민주주의와 법치부터 바로 잡고 풀뿌리민주주의와 주민자치의 토대를 굳건히 하는 것, 이게 바로 정치권 풍토 바꾸기의 근본적인 시작이 될 것이다.(2009년 7월 29일)

#민주주의 #주민자치 #입주자대표회의

입주자대표회의는 만능이 아니다

필자는 아파트 관련 법률 문제를 전문분야 삼아 활동하고 있다. 그러다 보니 많은 입주자대표회의 또는 관리주체들에게 법률상담을 의뢰받게 된다. 최근에도 K시 한 아파트의 입주자대표들과 법률상담을 진행했다. 그 아파트는 단지 내 부지에 가설건축물을 철거하는 문제로 입주자들의 의견이 팽팽히 맞서고 있는 형국이었다. 가설건축물의 활용이 입주자들에게 이익이 되므로 존치시켜야 한다는 여론이 다수인 가운데, 그것이 건축물 소유자의 입지를 강화하게 되므로 강제로라도 철거해야 한다는 주장은 소수였지만 목소리는 오히려 컸다. 그 사이에서 입주자대표회의는 이러지도 저러지도 못하고 있다며 어려움을 토로했다.

꼭 이런 사안이 아니더라도 요새 입주자대표회의는 신경 쓸 문제가 보통 많은 것이 아니다. 갓 입주한 아파트의 입주자대표회의는 분양가 정산이나 분양 과정에서의 허위·과장광고, 입주지연에 따른 배상청구, 과다 기부채납에 의한 재산권 손실 등을 파헤치고 건축주와 협상하며 법적 절차를 강구하고 있다. 기존 아파트의 경우에도 인접지에서 이루어지는 건물 신축에 따른 소음, 분진, 일조와 조망침해를 입주자대표회의가 나서서 해결 중이다. 그 외에도 요즘 입주자대표회의는 신설도로의 예정 경로나 경전철 역 위치선정, 행정구역 명칭의 변경 등 신경 쓰고 해결해야 할 문제가 산적해 있다. 이쯤 되면 가히 몸이 열 개라도 모자랄 판이다.

그런데 이러한 현상이 바람직할까? 입주자대표회의는 주택법령이 인정한 공법상의 단체이다. 따라서 그 권한도 아파트에서 발생할 수 있는 모든 법률 문제에 관해 미치는 것이 아니다. 오로지 공동주택 공용부분의 관리에만, 법령과 관리규약이 미치는 한도에서 권한을 가질 뿐이다. 대법원 판례도 입주자대표회의는 비법인사단으로 주택법령이 인정한 권한을 행사할 수 있을 뿐, 구분소유자인 입주자들의 권리를 대신 행사할 수 없다는 입장을 확고히 하고 있다.

입주자대표회의가 자신의 권한을 넘어서는 여러 법률 문제에 관여하는 것은 긍정적인 측면보다는 부정적인 측면이 오히려 크다. 예컨대, 인접지 건축이나 분양계약상 손해배상책임 등의 문제를 해결하는 것은 상당한 전문성과 많은 시간 및 비용을 필요로 한다. 그렇기 때문에 입주자대표회의가 이런 역할을 하게 되면 필연적으로 그만큼 본연의 업무에 충실할 여력이 잠식되는 결과를 낳는다. 권리자가 아닌 입주자대표회의가 나서서 원만한 합의가 도출되면 다행이나 그렇지 않으면 복잡한 법적 절차를 밟아야 한다. 하지만 판례상 입주자대표회의의 당사자 자격이나 권한 자체가 인정되지 않으므로 법적 절차를 잘못 밟을 경우 소송에서 패소하기도 한다. 입주자대표회의가 괜히 나섰다가 문제 해결에 실패할 경우 입주자들의 원망과 비용의 손실을 모두 안게 되는 것이다.

물론 입주자대표들도 이러한 문제를 모르는 것은 아니다. 무보수 봉사직인 입주자대표들이 본연의 업무도 아닌 여러 법률분쟁의 책임을 왜 떠안고 싶겠는가. 발단은 입주자들의 입주자대표회의에 대한 과도한 기대와 의존적 태도이다. 하지만 이는 입주자들의 의식을 개선시켜야 할 문제이지, 거기 끌려 다닌다고 해결될 문제가 아니다. 입주자대표회의는 본연의 업무에 충실해야 한다. 그리고 그 외의 문제는 직접적 이해당사자들이 별도의 모임이나 조직체를 구성해 해결해야 한다. 그것이 입주자대표회의와 입주자들 모두가 상생하는 길이다.

오늘도 봉사직인 입주자대표들과 공동주택관리의 전문가인 관리주체가 생경하고 난해한 법률 문제로 시간을 허비하고 있을 것이다. 입주자인 나부터 입주자대표회의와 관리주체가 자기 자리를 찾을 수 있도록 의식의 전환을 이루어야겠다. (2009년 9월 2일)

#입주자대표회의 #비법인사단 #무보수봉사직

열린 이웃과 살아가기

필자는 광명시에 거주한다. 광명시는 서울에 인접해 있기도 하거니와 특히 서울 금천구 독산동의 일부 지역은 사방이 광명시에 둘러싸여 있기도 하다. 광명시 한복판에 독산동 일부가 파고들어온 형상이랄까.

그런데 예전에 이 지역 아파트 단지 사이에서는 이웃끼리 얼굴 붉힐 만한 난감한 일이 있었다. 인접해 있지만 행정구역이 다른 아파트 단지 사이에서 서로 통행로를 막은 것이다. 한쪽에서는 '서울시민이 왜 광명시민의 세금으로 만든 공원을 사용하느냐'며 독산동 아파트에서 광명시 근린공원으로 출입하는 통행로를 막았고, 반대쪽에서는 이에 반발해 자신들 단지의 통행로를 막아 광명시민들의 출입을 통제했다. 어른들이야 자기들이 벌인 싸움이니 그 불편을 스스로 감수함이 당연하지만, 광명시 근린공원을 놀이터로 삼았던 독산동 아이들이나 학원에 가기 위해 독산동 아파트 통행로를 이용하던 광명 아이들은 영문도 모른 채 불편에 처하게 됐다. 어른으로서 듣기에도 매우 낯부끄러운 일이었다.

새로 아파트 단지가 들어선다는 것은 기존의 마을 공동체가 소멸함을 의미한다. 그렇다면 아파트 단지를 중심으로 새로운 공동체가 형성되어야 할 텐데 꼭 그렇지만은 않다. 대표적으로 임대아파트 단지를 기피해 건설 자체를 반대하는 것은 물론이고, 입주 후에도 통행을 차단하는 일부 분양아파트 주민들의 행태가 그렇다. 학교 가까이 교문에 접한 아파트 단지 주민들이 다른 단지 학생들의 출입을 차단하기 위해 단지 출입문에서부터 아이들을 막아서는 행태도 볼썽사납다. 사설 방범업체를 고용해 외부인의 단지 내 출입을 엄격히 통제하는 '도시 속의 성城'과 같은 아파트도 드물지 않게 볼 수 있다.

필자는 8년째 시의 건축심의에 참여하고 있다. 필자를 비롯한 건축심의위원들은 아파트 단지의 설계를 심의하면서 설계자에게 외부와 자유로이 소통하는 아파트 구조를 주문한다. 단지 내 토지에 휴게시설을 설치해 입주자들뿐만 아니라 지나가는 사람들도 잠시 쉬다 갈 수 있게 하고, 여러 단지를 관통하는 조깅코스도 구상해보라고 조언한다. 단지의 경계를 울타리나 벽보다는 조경수로 자연스럽게 꾸미도록 유도하고, 아파트의 야관조명으로 도시의 야경을 보완하도록 권하기도 한다.

그런데 애써 구상한 이와 같은 단지의 구성과 배치가 입주자들에 의해 다시 단절과 격리의 구조로 바뀌는 경우가 적지 않다. 외부인도 사용할 수 있도록 만든 소공원에 펜스를 치고, 여러 단지 아이들을 위해 만든 교문의 출입을 차단한다. 단지 내 공간의 외부 공개와 외부인의 사용을 재산권 침해로 사고하는 입주자들을 많이 보게 된다. 아파트 단지의 경계를 엄밀히 하는 것은 내 권리를 확고히 하겠다는 의미일 것이다. 하지만 그 경계를 허물면 더 폭넓은 자유와 권리를 이웃들과 공유할 수 있다. 이처럼 열린 마음을 우리 아파트에서 먼저 실천하면 어떨까? 우리 입주자대표들과 관리주체가 먼저 이웃 단지와의 소통과 교류에 관심을 가져보면 어떨까?(2009년 10월 7일)

#단지 내 공간 #통행로 #이웃 공동체

입주자대표의 자격에 대한 단상

국가마다 헌법이 있듯이 아파트에는 관리규약이 존재한다. 헌법이 입법, 행정, 사법의 삼권분립을 규정하고 국민의 기본권을 보장하듯이 관리규약 또한 입주자대표회의, 관리주체, 대표회장을 비롯한 임원의 권한과 의무, 입주자와 사용자의 권리를 명시하고 있다. 공동주택 관리의 근거법령인 주택법과 그 시행령 및 시행규칙이 정하고 있는 최소한의 사항을 제외하면 공동주택에서의 생활과 관련한 거의 모든 사항은 관리규약을 따르도록 되어 있다.

그중 입주자대표의 자격과 선출 및 해임방법, 권한과 의무 등을 보면 상위법인 주택법령에서는 "동별 대표자 선출공고일 현재 당해 공동주택 단지 안에서 주민등록을 마친 후 6개월 이상(최초의 입주자대표회의를 구성하거나 제2항 단서의 규정에 의한 입주자대표회의를 구성하기 위해 동별 대표자를 선출하는 경우를 제외한다) 거주하고 있는 입주자 중에서 선출해야 한다"는 조항(주택법 시행령 제50조 제3항)만을 두고 있을 뿐 그 외에는 아무런 규율도 하고 있지 않다. 따라서 추가적인 입주자대표의 자격이나 결격 사유, 선출 및 해임방법, 권한과 의무 등은 오롯이 관리규약에서 어떻게 규정하고 있느냐에 따라 달라진다. 이렇듯 관리규약의 내용을 어떻게 채워가느냐는 매우 중요한 문제인 것이다.

이와 관련해 주택법 제44조는 시·도지사가 관리규약의 준칙을 정해 입주자들이 자신들 단지의 관리규약을 제정하는 데 참고하도록 규정하고 있고, 그에 따라 각 시·도는 정기적으로 표준관리규약을 만들어 관내 아파트 단지들이 참고하도록 하고 있다. 입주자들이 법률 전문가가 아닌 이상 관에서 만든 관리규약의 준칙을 거의 그대로 따라가지 않을 수 없으니 시·도지사가 만드는 관리규약의 준칙이 가지는 중요성은 매우 크다.

그런데 각 시·도의 관리규약준칙을 비롯한 여러 아파트들의 관리규약이 규정하는 입주자대표의 결격 사유나 중임 또는 연임의 제한, 해임 사유 등이 '봉사직'이라는 입주자대표의 본질에 비추어 지나치게 엄격하거나 비현실적인 것이 사실이다. 중임이나 연임을 전혀 불가능하게 하거나 1회로 제한하는 조항, 임기만료 전에 사퇴할 경우 3년이 경과해야만 다시 입주자대표가 될 수 있다는 조항, 65세 이상의 입주자는 대표가 될 수 없다는 식으로 연령제한을 두는 조항, 회의에 몇 회 이상 불참할 경우 해임할 수 있다는 조항 등이 대표적이다. 보수가 있는 것도 아니고 대단한 명예가 따르지도 않는 입주자대표 자리에 이렇듯 여러 제한을 두다 보니 사람 구하기는 더욱 힘들어진다. 어찌어찌해 입주자대표를 어렵게 초빙하더라도 한두 해 지나고 보면 중임이나 연임제한에 걸려 다시 사람을 구해야 하는 경우가 발생하기도 한다. 현실과 동떨어진 법, 이상에 치우친 법은 예기치 않은 다수의 범법자를 만들거나 현실을 규율할 규범력을 상실한다. 즉, 누구도 지키지 않고 지켜지기를 기대하지도 않는 '죽은 법'이 되거나 '선량한 범법자'를 양산하게 되는 것이다.

많은 아파트에서 법적 정원에 미치지 못하는 소수 대표들로 임시방편의 대표회의를 유지해 나가는 것을 본다. 이들 소수 대표는 본의 아니게 법을 어겨가면서 아파트를 위해 봉사하는 셈이니 이런 아이러니가 없다. 우리 입주자들의 의식과 공동체 문화가 더 발전하기 전까지는 입주자대표에 대해 좀 더 너그러운 자세가 필요하지 않을까 싶다.(2009년 11월 4일)

#입주자대표 #아파트 관리규약 #시도 관리규약준칙

2010년 7월 12일자 대통령령 제22269호로 주택법 시행령이 개정되면서 제50조 제1 내지 8항에서 동별 대표자 및 임원의 선출방법, 선출정족수, 임기 및 중임제한, 업무범위 등을, 제50조의 2 제1 내지 6항에서는 동별 대표자 및 임원의 선출과 해임 등을 주관할 선거관리위원회의 구성과 운영을 새로 규정하게 되었다.

'소송중독'도 병이다

최근 서울남부지방법원의 모 판사님은 5년간 70여 건의 민·형사 소송을 남발한 입주자들에게 "주민들을 위해 아파트를 떠나는 것이 최선"이라며 판결문을 통해 호되게 질타했다. 해당 사건은 한 입주자가 전 입주자대표회장들을 상대로 "부당사용한 관리비 등을 자신에게 돌려달라"며 낸 소송이어서 법률적으로도 전혀 성립할 수 없는 주장이었다(관리비를 부당하게 사용했다면 입주자 개인이 아니라 입주자대표회의가 관리하는 관리비 계좌로 반환해야 할 것이다). 이 단지의 소송 건수는 법원 사건검색시스템으로 밝혀낸 것만 76건이라 하고, 고소·고발을 했으나 무혐의처분을 받아 검색되지 않는 사건은 더욱 많다고 한다. 당사자들에게 따끔한 경고를 주기 위해 바쁜 와중에도 일부러 사건을 검색해본 판사님의 노고에 고개가 숙여지는 한편, 소수의 극성스러운 입주자들 때문에 이 아파트 단지의 풍경이 얼마나 삭막했을까를 생각하니 참으로 개탄스럽다.

필자도 법률상담을 하다 보니 여러 건의 법적 분쟁에 휘말리는 경우를 접하게 된다. 당사자들은 고소나 소송을 의뢰하겠다고 찾아왔고, 얘기를 듣고 자료를 살펴보면 의뢰인들의 주장이 과히 틀린 것도 아니어서 적당히 사건의뢰를 맡아 변호를 할 만했다. 그런데 지나친 오지랖인지, '왜 굳이 소송을 하시려 합니까? 이렇게까지 해서 얻는 것이 무엇입니까?'라는 질문을 하게 된다. 십중팔구는 그 연원도 알 수 없는 과거의 분쟁으로부터 연속된 사건이거나 상대방이 도발을 해오니 단호하게 응징해야겠다는 복수심에서 제기된 사건이었다.

위 판사님도 지적했던 것처럼 "수많은 고소로 얼룩진 법적 분쟁 과정에 한번 발을 들여놓으면 본인도 모르게 어느새 자제력을 잃고 계속 깊이 빠져들게 되며, 그 결과 이른바 '소송중독병'에 걸리게 된다." 필자 역시 소송은 소송을 낳고 분쟁은 분쟁을 불러 결국 더 많은 시간과 비용을 허비하게 되고, 결국 인간의 심성까지 파괴된다는 점을 공들여 세심하게 설득한다. 그러면 대부분 의뢰인들은 뜻을 굽히고 발걸음을 돌린다.

법적 분쟁은 재판을 통해 종결되고, 판결은 승패를 낳기 마련이다. 따라서 재판은 패하더라도 쾌히 승복한다는 아름다운 전제가 있을 때 유용한 수단이다. 이미 재판 전부터 판결에 승복할 수 없다는 마음가짐으로 시작한다면 소송은 사적 보복의 한 방편일 뿐 분쟁의 종국적 해결수단이 될 수 없다. 승복할 수 없는 재판에 매달리기보다는 차라리 재판 없는 패배나 양보가 더 큰 미덕이 될 수도 있다. 이것은 비단 나뿐만 아니라 상대방의 태도 또한 마찬가지이다. 내가 승소하더라도 이에 승복하지 못할 사람과는 애당초 맞닥뜨리지 않는 편이 낫고, 맞닥뜨렸더라도 소송까지 가지 않는 것이 바람직하다. 필자의 정성어린 설득에 소송을 포기하고 발걸음을 돌린 의뢰인들이야말로 진정한 승자이다. 그렇게 보아서인지, 그들의 돌아가는 발걸음도 그렇게 가벼워 보일 수 없었다.

만약 필자가 부추겼다면 소송으로 갈 만한 아파트 분쟁 사건이 설득으로 소송 없이 마무리되는 경우가 열 건의 상담 중 반 이상이다. 사건을 의뢰하고 열심히 변호해 승소로 연결해주면 되는 것인데 오히려 내담자를 어렵게 설득해 돌려보내고 있으니 필자도 성공한 변호사가 되기는 애당초 틀린 모양이다. 하지만 오랜 시간과 노력 끝에 소송을 포기시키고 내담자를 돌려보내면서 진정으로 내담자를 도와주었다고 느끼게 되는 뿌듯함 때문에 이런 오지랖을 포기하기는 어렵다. 이럴 때 필자는 직업적인 변호사라기보다는 마치 소송중독을 예방하는 사회적 심리치료사가 된 듯한 기분마저 든다.(2009년 12월 2일)

#소송중독 #법률상담 #법적 분쟁

하자보수 분쟁을 조정한다고?

　2010년 하반기부터 소송비용 낭비 등을 막기 위해 정부가 입주자와 건설사 간의 하자보수 분쟁에 직접 나선다고 한다. 국토해양부는 '하자심사·분쟁조정위원회'를 구성했고, 한국시설안전공단 내에 하자심사·분쟁조정사무국을 설치해 업무를 위탁하기로 했다. 입주자 등이 분쟁조정을 신청하면 60일 안에 건설기술연구원, 시설안전기술공단 등의 현장조사와 분석을 근거로 결과를 통보하고 이를 당사자들이 수락하면 분쟁이 종결되는 방식이다. 이를 통해 정부는 공동주택 하자보수 관련 소송의 급증으로 인한 사회·경제적 비용을 줄일 수 있을 것으로 기대하고 있다고 한다.
　정부의 말대로만 된다면 얼마나 좋겠는가. 저렴한 비용에 신속한 절차로 하자보수 분쟁이 마무리될 수 있다면 입주자들로서는 쌍수를 들고 환영할 일이다. 그런데 이렇게 좋은 방안을 정부가 내놓았는데도 흔쾌하지 않은 것은 왜일까? 언론에 보도된 국토부 관계자의 발언 내용을 살펴보자. 익명의 국토부 관계자는 "최근 공동주택 하자 관련 소송이 연평균 40% 가까이 급증하면서 건설사와 입주자의 피해가 커지고 있다. 이 제도가 도입되면 일부 변호사와 안전진단업체 주도로 제기되는 악의적인 하자 관련 소송이 크게 줄어들 것으로 기대한다"고 했다. 이 관계자의 발언에는 두 가지 오류가 존재한다.

첫 번째로 공동주택 하자 관련 소송이 '일부 변호사와 안전진단업체 주도로 제기'되고 있다는 주장이다. 상식적으로 변호사는 의뢰인의 부족한 법률지식을 보충해 권리구제를 받도록 하는 보조자에 불과하고, 안전진단업체 또한 건축지식이 부족한 입주자들에게 하자판단 및 비용산정을 도와주는 용역업체일 뿐이다. 변호사를 선임하고, 안전진단업체를 선정하고, 건설사와 하자보수를 협의해 나가고, 소송제기를 결정하는 주체는 모두 입주자들이다. 도대체 어떤 근거로 하자 관련 소송이 일부 변호사와 안전진단업체 주도로 제기되고 있다고 판단하는지 이해할 수 없다. 입주자들은 법률지식과 건축지식이 부족하더라도 변호사나 안전진단업체의 도움 없이 무방비로 거대한 건설사와 싸워야 한다는 것일까? 두 번째로 '악의적인 하자 관련 소송'이라는 표현이다. 하자 관련 소송이 어떻게 하면 '악의'이고 어떻게 하면 '선의'인가? 엄격한 증거조사 절차를 거쳐 판결로 결론을 내달라고 입주자들이 법원에 제기하는 소송이 어떻게 해서 악의적일 수 있을까? 정부 관계자의 표현 속에는 순진한 입주자들이 일부 변호사와 안전진단업체에 휘둘려 소송을 남발하고 있다는 인식이 있다. 문제는 이런 시선이 하자 관련 소송에 임하는 건설사들과 일맥상통한다는 것이다. 건설사들의 부실시공이 줄어들고 하자보수 서비스가 개선된다면 막대한 비용과 시간을 낭비하는 소송을 선택할 입주자들이 어디에 있겠는가. 갓 입주한 아파트에 물이 줄줄 새고 옹벽에 균열이 커지는 사태가 거듭 발생해도 정부가 건설사들의 하자보수 실태를 일제점검하기로 했다는 언론보도는 본 적이 없다.

굳이 새로운 제도를 만들 필요도 없다. 하자보수보증금을 현금으로만 예치하고 건설사로부터 하자보수가 거부되면 입주자들이 스스로 하자보수를 할 수 있었던 예전 제도로 돌아가기만 해도 건설사들의 하자보수 관행은 획기적으로 바뀔 것이다. 하지만 입주자들의 기존 권리마저 소급입법으로 침해하는 개정 주택법을 시행하다 헌법재판소의 위헌판단까지 받은 정부에게 이런 기대는 참으로 난망하다.(2010년 3월 3일)

#하자보수 분쟁 #하자심사분쟁조정위원회 #안전진단업체

> 필자의 우려에도 불구하고 국토교통부 산하에 하자심사·분쟁조정위원회가 설치되어 입주자와 사업주체 및 시공사 간의 하자보수에 관한 분쟁을 조정하는 제도가 시행되었다. 필자 또한 2013년 7월 1일부터 2015년 6월 30일까지 제3기 하자심사·분쟁조정위원으로 위촉되어 입주자들의 권익을 옹호하는 역할을 수행했다. 다행히 하자심사·분쟁조정제도는 하자로 인한 입주자들의 어려움과 피해를 일정 정도 보호해주는 역할을 수행하는 방향으로 안착되었다.

입주자대표회의가 봉인가?

입주자대표회의는 공동주택 공용부분 및 부대 복리시설의 관리를 위해 공법인 주택법에 의해 설립되고 그 권한과 기능도 이에 한정된다는 점, 그래서 입주자대표회의는 본연의 역할에 충실할 필요가 있고, 입주자들의 소유권 침해와 관련된 민사적 사안에 섣불리 나서는 것은 바람직하지 않다는 점을 이미 앞에서 밝힌 바 있다. 그런데 입주자들의 억지 요구도 없고, 입주자대표회의가 굳이 나서려 하지 않는데도 공동주택에 필수적인 공공서비스 제공 편의를 위해 입주자대표회의가 개입해야 하는 여러 문제들이 발생하곤 한다.

전력이나 통신, 수도 등 공공서비스는 입주자들의 공동주택 생활에 필수적인 부분이고, 원활한 서비스의 공급을 위해 불가피하게 입주자대표회의가 관여하고 개입해야 할 때가 있다. 이러한 상황은 공공서비스의 제공 주체에게는 서비스 수요자에게 좀 더 원활하게 서비스를 공급하게 해준다는 점에서 바람직하고, 입주자들 또한 공동주택의 관리를 위임한 입주자대표회의가 관여함으로써 좋은 서비스의 공급을 요구하고 요금정산 등을 편하게 할 수 있다는 점에서 이익이 된다. 이렇듯 상호 원만한 관계가 형성되고 유지되면 입주자대표회의가 본연의 역할에서 조금 벗어난 업무를 하더라도 그다지 탓할 일은 아니다(사실 이와 같은 업무가 본연의 역할과 전혀 무관한 것인지에 관해서도 이견이 있을 수 있다).

그런데 문제는 이러한 공공서비스의 공급과 관련된 입주자대표회의의 업무를 최소한으로 축소시켜야 함에도 그 책임을 오히려 가중시키려는 일부의 태도이다. 최근 선고된 대법원 판례는 공공서비스 공급과 관련하여 참고할 만한 선례로 보인다.

아파트 입주자대표회의와 전기공급 계약을 체결한 한국전력공사는 해당 아파트의 전기 사용량 산출 과정에서 자체 착오로 전기료를 과소 납부 받았음을 뒤늦게 인지하게 되었다. 이에 한국전력공사는 입주자대표회의에게 약 3년분의 미납전기료 칠천사백만 원을 청구하는 소송을 제기했다. 이에 대해 법원은 "원래 한전이 입주민과 전기공급계약을 체결해 전기를 공급하고 입주민이 자신들이 사용한 전기료와 공동전기료를 납부해야 하나 사회적으로 불필요한 자원낭비가 유발될 수 있어 입주자대표회의가 입주민을 대표해 전기공급계약을 체결해오고 있다는 사실"을 전제로 해 "입주자대표회의가 한전에 부담하는 의무는 매월 아파트 전체가 사용하는 전기 사용량 등을 통보하고 한전이 세대별 전기료를 산출해 통보하면 전기료를 입주민으로부터 징수해 한전에 납부하며, 3개월 이상 체납 세대를 한전에 통보해 단전 조치에 협조할 의무뿐이고", "한전의 전기 사용량 산출 과정에서의 착오로 인해 한전이 전기료를 제대로 청구하지 못한 금액까지 (입주자대표회의가) 납부할 의무는 없다"는 결론을 내렸다.

이는 지극히 당연한 판결이다. 입주자대표회의는 공공서비스의 공급에 있어 한전과 입주자들을 위해 봉사하는 업무를 하고 있다. 그럼에도 불구하고 한전이 자체 착오로 발생한 미납관리비를 입주자대표회의에 청구하는 행태는 과하게 말하면 물에 빠진 놈 건져주니 보따리 내놓으라는 격이다.

입주자대표회의가 요금을 미납해 스스로 경제적 이익을 챙긴 것도 아니고, 고의로 요금을 과소 계산해 납부한 것도 아니다. 과소하게 요금을 납부한 주민들 중에는 이미 이사를 간 사람들도 상당수 있을 것이고, 설혹 계속 거주하는 입주자들이라도 삼 년분의 요금 차액을 목돈으로 청구하면 반발이 만만찮을 것이며, 각 입주자들을 상대로 민원처리를 하기도 곤혹스러웠을 테니, 한전 입장에서는 입주자대표회의를 상대하는 것이 한결 편하다고 판단했을 수 있겠다. 그러나 사회적으로 불필요한 자원낭비를 막기 위해 입주자대표회의가 입주민을 대표해 전기공급계약을 체결한 취지를 무시하고 자신들의 손실을 보전 받을 대상으로 입주자대표회의를 택한 한전의 편의주의적인 태도는 비판받아 마땅하다. 입주자대표회의는 봉이 아니다. (2010

년 4월 7일)

#입주자대표회의 권한과 기능 #공공서비스 공급

주택법과 집합건물법, 무엇이 우선인가

최근 수원지방법원은 지역난방 전환공사계약을 이행하지 않은 아파트 입주자대표회의를 상대로 난방공사업체가 위약금을 청구한 사건에서 원고 패소판결을 내렸다. 지역난방 전환공사를 위한 도급계약 체결 시 구분소유자들의 서면동의가 정족수에 미달했으므로 계약 자체가 무효라는 이유였다. 판결 내용을 보면 "개별난방을 지역난방으로 변경하기 위해서는 난방용 파이프 인입공사 및 각 동별 열교환기 설치공사 등 공용부분 변경이 필수적이고, 공사대금 중 공용부분에 해당하는 비용이 85%에 이르는 이상 이 아파트의 지역난방 전환공사는 공용부분의 형상 또는 효용을 실질적으로 변경시키는 공용부분의 변경에 해당"하며, "이 경우 집합건물의 소유 및 관리에 관한 법률에 따라 구분소유자 및 의결권의 각 3/4 이상의 결의, 혹은 4/5 이상의 서면합의가 있어야 한다"고 한다. 이 아파트에서는 공사도급

계약에 대해 입주자 1,300여 세대 중 약 76%의 서면동의만 받은 것으로 알려졌다.

이런 판결은 사실 어느 정도 예측된 것이었다. 왜냐하면 대법원에서도 이미 "이 사건 아파트의 기존의 중앙집중난방 방식을 지역난방으로 변경하기 위해서는 기존의 공용부분에 해당하는 중앙집중난방시설 및 배관설비 대부분을 철거하고 지역난방용으로 새로운 난방시설 및 배관설비를 설치해야 하며 그 비용이 약 70억 원에 달하고 있으므로 이는 공용부분의 형상 또는 효용을 실질적으로 변경시키는 공용부분의 변경이고, 이러한 경우에는 집합건물법 제15조 제1항, 제41조 제1항에 따라 구분소유자 및 의결권의 각 4분의 3 이상의 다수의 결의에 의하거나, 구분소유자 및 의결권의 각 5분의 4 이상의 서면에 의한 합의가 있어야 하는 바, 전 입주자대표회의가 아파트 입주자 3,144세대 중 2,396세대의 서면동의만을 받아 난방 방식 변경을 결정하고 관할구청에 행위허가를 신청한 것은 집합건물법을 위반한 행위"여서 이를 이유로 입주자대표회의를 해산한 것은 정당하다(대법원 2008. 9. 25. 선고 2006다86597 판결)고 판시한 바 있기 때문이다.

그런데 주택법 제42조 제2항, 같은 법 시행령 제47조 제1항 별표 3 "공동주택의 행위허가 또는 신고의 기준"에 따르면 부대시설 및 입주자 공유인 복리시설의 파손·철거는 전체 입주자 2/3 이상의 동의를 얻어 행위허가를 득하도록 규정하고 있다. 국토해양부도 난방 전환공사는 주택법 시행령 별표 3에 따라 입주자들의 동의를 얻어 행위허가를 득해야 한다고 유권해석했다. 대법원과 수원지법의 판결 사례에서도 입주자대표회의는 주택법령의 규정에 따라 입주자 2/3 이상의 동의를 얻었던 것으로 파악된다.

결국 입주자대표회의가 주택법령이 정한 절차에 따라 공사를 진행하더라도 집합건물법까지 염두에 두지 않을 경우 위법을 저지를 수 있다는 뜻이다. 위법의 결과는 입주자대표회의의 해산이 될 수도 있고, 공사업체와의 법적 분쟁이 될 수도 있다. 물론 공동주택도 집합건물의 하나이므로 주택법령과 집합건물법이 법리적으로는 중복 적용될 수 있다. 문제는 두 법이 하나의 행위를 두고 서로 다른 기간과 절차, 정족수를 규정하고 있기 때문에, 사안마다 두 법 중 어느 법을 따라야 하는지 판단하기가 무척 어렵다는 것이다. 공동주택과 관련한 주택법령과 집합건물법의 통일적 규율을 위한 일제 정비의 입법적 조치가 절실하다.(2010년 10월 6일)

#주택법 #집합건물법 #공용부분 변경

2012년 12월 18일 법률 제11555호로 집합건물의 소유 및 관리에 관한 법률이 개정되면서 제2조의 2항(주택법과의 관계) "집합주택의 관리방법과 기준, 하자담보책임에 관한 주택법의 특별한 규정은 이 법에 저촉되어 구분소유자의 기본적인 권리를 해치지 아니하는 범위에서 효력이 있다"는 규정이 신설되었다. 이로써 공동주택 관리방법 및 기준 등에 대해 집합건물법이 주택법령에 우선적용됨이 명확해졌다. 하지만 주택법령의 각 조항들 중 어느 부분이 집합건물법에 저촉되어 구분소유자의 기본적 권리를 해침으로써 무효가 되는지는 법률전문가가 아니고서는 판단이 어렵다. 두 법률의 충돌은 여전히 일선 관리 현장에 문제로 남아 있다.

시·도 공동주택 관리규약준칙의 중요성

　공동주택에게 관리규약은 한 국가의 헌법과도 같다. 입주자와 사용자, 입주자대표회의, 관리주체의 권한과 의무를 규정한 관리규약은 공동주택 생활과 관련한 거의 모든 사항을 망라하고 있기 때문이다. 이와 관련해 주택법 제44조, 같은 법 시행령 제57조는 시·도지사로 하여금 관리규약의 준칙을 정해 입주자들이 자신들 단지의 관리규약을 제정하는 데 참고하도록 규정하고 있고, 그에 따라 각 시·도에서는 정기적으로 관리규약준칙을 보급해 관내 아파트 단지들이 참고하도록 하고 있다. 입주자들이 법률전문가가 아닌 현실에서 시·도지사가 만든 관리규약준칙을 거의 그대로 수용하는 것이 관행이니, 시·도지사가 만드는 관리규약준칙이 가지는 중요성은 매우 크다.
　주택법령의 개정에 따라 서울시와 경기도 등 광역자치단체는 2010년 9월에 일제히 공동주택 관리규약준칙 개정안을 보급했다. 그런데 이 공동주택 관리규약준칙이 담고 있는 용어의 정확성이나 체계의 정합성은 별론으로 하더라도, 여러 부분에서 상위법인 주택법령이나 민법·집합건물법 등 관계법령과 충돌되고 모순되는 내용이 있어 심히 우려된다. 공동주택 관리규약준칙 자체는 법규로서의 효력이 없으나, 당해 공동주택에서 관리규약으로 채택되어 입주자 등의 동의까지 완료되면 이는 자치법규로서 효력을 가진다. 자치법규란 상위법령에 어긋나지 않는 한 구성원들의 권리와 의무 및 법률관계를 규정짓는 법적 효력을 갖게 된다. 그런데 자치법규가 상위법령과 충돌하게 되면 당연히 상위법령이 적용되고, 자치법규에 따라 운영되던 공동주택관리의 여러 법률관계가 법적 효력을 부정당하는 혼란이 야기된다.

예컨대, 서울시와 경기도의 공동주택 관리규약준칙 제9조 제1항은 입주자의 자격과 관련해 "입주자의 자격은 소유자가 공동주택 1세대의 구분소유권을 취득(최초 입주 시에는 사업주체가 입주자에게 명도한 때를 말한다)한 때에 발생하고, 그 구분소유권을 상실한 때에 소멸한다"고 규정했다. 여기서 괄호 안을 해석해보면 최초 입주하는 아파트에서는 구분소유권을 취득하지 않더라도 공동주택을 명도받은 때, 즉 입주한 때 입주자의 자격을 취득하는 것으로 규정하고 있다. 하지만 주택법 제2조 정의규정 제12호 나, 다항목에 따르면 입주자란 "주택의 소유자 또는 그 소유자를 대리하는 배우자 및 직계존비속"이고, 주택의 소유자란 민법에 따라 소유권 등기를 마쳐야만 그 소유권이 인정된다. 관리규약준칙이 법령의 근거도 없이 입주자의 자격을 확대한 것이다.

서울시와 경기도의 공동주택 관리규약준칙 제16조 제1항은 "관리주체는 입주자의 지위를 승계한 자에 대해서도 관리비·사용료 및 장기수선충당금 등(이하 "관리비 등"이라 한다)의 채권을 행사할 수 있다", 제2항은 "관리비 등을 입주자 등이 체납한 때에는 입주자의 지위를 승계한 자(특별승계인을 포함한다. 이하 같다)가 부담해야 한다"고 각각 규정하고 있다. 하지만 집합건물법의 해석과 관련해 대법원 전원합의체 판결은 체납관리비 중 공용부분 관리비만이 특별승계인에게 승계된다고 판시했다. 관리주체가 관리규약에 근거해 체납관리비 전부를 특별승계인에게 부담시키고자 하면 특별승계인으로부터 소송 당하기 딱 좋다.

지면관계상 일일이 거론할 수는 없지만, 광역자치단체가 법에 어긋나는 관리규약의 제정을 권유하고 있는 실정인 셈이다. 관리규약준칙이 가지는 중요성과 장래에 발생할 법적 혼란의 방지를 위해서라도 자치단체가 관리규약준칙을 제정할 때는 이런 점을 더욱 세심하게 검토해야 한다. (2011년 2월 2일)

#공동주택 관리규약준칙 #아파트 관리규약 #자치법규와 상위법령의 충돌

공정하고 자율적인 선관위를 위하여

주택법 시행령이 개정되면서 입주자대표의 선출과 입주자대표회의 구성에 관해 보통·평등·직접·비밀선거의 원칙이 천명되는 등 세부절차와 기준이 도입되었다. 그에 따라 공정하고 투명한 입주자대표 선출과 해임 및 입주자대표회의 구성을 위해 종전 임의기구에 불과하던 공동주택 선거관리위원회가 강제기구화됐고, 시·군·구 선거관리위원회 직원을 공동주택 선거관리위원회의 위원으로 위촉하거나 시·군·구 선거관리위원회에 투표 및 개표관리 등 선거지원을 요청할 수 있게 되었다.

이와 같이 법적으로 선거관리위원회 구성이 강제되면서 각 시도에서는 공동주택 관리규약의 준칙을 마련했고, 관내 공동주택에서는 바뀐 주택법 시행령의 내용이 반영될 수 있도록 관리규약준칙을 참고해 관리규약을 개정했거나 개정 중에 있다. 그런데 이와 같이 바뀐 공동주택 관리규약에 따라 새로 선거관리위원회가 구성되고 선거절차가 진행되는 과정에서 상당히 많은 법적 분쟁이 불거지고 있고, 예상치 못한 부작용이 종종 발생하고 있다.

예컨대 서울시 공동주택 관리규약준칙은 선거관리위원회의 구성을 입주자대표회장이 추천한 자 1~2인, 관리사무소장이 추천한 자 1~2인, 통장이 추천한 자 2~3인 이내, 경로회에서 추천한 자 2~3인 이내, 부녀회 등 자생단체에서 추천한 자 2~3인 이내, 구청장이 선거관리위원회에서 추천한 직원 1인(500세대 이상인 경우) 등으로 입주자대표회장이 균형 있게 위촉하도록 하고 있다. 그런데 입주자대표회장과 관리소장의 추천인원을 최대로 하고 자생단체 등 그 외의 추천인원을 최소로 한다고 해도 전자는 최대 4인, 후자는 최소 7인 정도가 선거관리위원회를 구성하게 된다. 결국 경로회와 부녀회, 그 외 관청과 연관성 있는 인물들이 과반수를 넘어 입주자대표회의 구성에 절대적 영향력을 발휘하게 되는 것이다.

필자가 확인한 바로도 부녀회 등 자생단체에 대해 관리규약을 엄정히 적용하거나 입주자들을 대변해 관청과의 관계가 껄끄러웠던 입주자대표들이 선거 과정에서 입후보 자체를 원천봉쇄당하거나 선거운동에 불이익을 당하는 등, 선관위의 자의적 선거관리로 분쟁이 발생한 사례가 다수 있었다. 선거관리위원회 구성의 다양성을 담보하려는 취지를 이해 못하는 것은 아니다. 하지만 관청의 입김을 받을 수밖에 없는 통장에게 다수의 위원 위촉권을 주고, 공무원인 선거관리위원회 직원을 위원으로 포함시키는 데다, 입주자들을 대표하는지도 불분명한 경로회나 부녀회 등에 반수가 넘는 위원 위촉권한을 부여한 것은 과도하다.

입주자대표의 선출과 해임 등의 절차는 공정성과 자율성을 핵심으로 한다. 입주자대표회의 구성은 당연히 입주자 등의 자율적 선택과 그에 따른 책임을 보장해야 하며, 그 자율성은 각 구성원들을 합리적 이유 없이 차별해서는 안 된다는 공정성에 의해 한계지어져야 한다. 그런데 이와 같이 관청이나 자생단체 위주의 선거관리위원회 구성 강제화는 공동주택관리의 핵심인 입주자대표회의 구성에서의 자율성과 공정성에 위협이 되고 있다. 관리규약준칙은 참고할 만한 하나의 표준안일 뿐이다. 따라서 각 공동주택별로 실정에 맞게 선거관리위원의 합리적 구성에 대해 깊이 고민해볼 필요가 있다.(2011년 3월 9일)

#주택법 시행령 #공동주택 선거관리위원회 #입주자대표 선출 및 해임

마음이 따뜻한 아파트 생활

　최근 우리 국민들이 참 따뜻하고 선하다는 것을 절실하게 느낄 수 있는 사례가 있었다. 멀고도 가까운 나라 일본이 대지진에 이은 쓰나미로 마을 전체 주민들이 행방불명이 되기도 하고, 방사능 누출로 환경과 건강에 치명적 위험이 예상되는 심각한 상황에 처했다. 우리와는 식민지배와 독도 영유권 분쟁, 역사 교과서 왜곡 등 많은 갈등을 겪고 있는 이웃 일본이지만, 가공할 천재지변에 노출된 일본 국민들을 생각하는 우리 국민들의 마음은 참으로 숭고했다. 한류를 선도하는 연예인이나 운동선수부터 기업체나 관공서, 평범한 서민들까지 성금 모금의 대열에 속속 합류했다. 최근 일본의 중등교과서에 독도 영유권을 주장하는 내용이 실리면서 우리의 호의가 과연 필요한 것이었느냐는 논란이 일기도 했지만, 정치적 셈법을 떠나 어려움에 처한 이웃에 대한 조건 없는 호의는 사람들의 마음을 따뜻하게 해주었다.

 필자가 사는 아파트는 지하주차장이 없다. 그러다 보니 할 수 없이 이중, 삼중 주차를 하게 되고, 안쪽에 주차된 차가 나가려면 다른 차들을 밀어야 하는 경우가 잦다. 엊그제의 일이다. 하필이면 어느 가녀린 부인이 주차된 차를 빼기 위해 커다란 승용차를 밀어야 할 상황이 발생했다. 초등학생이나 될 법한 딸내미가 같이 달라붙기는 했으나 가로막은 승용차의 육중함을 이기기에는 역부족이었다. 그때 부인이 도움을 요청하지도 않았는데 지나가던 남자가 대뜸 차를 함께 밀기 시작했다. 미동도 않겠다는 듯 버티던 차가 스르르 밀리며 주차된 차를 쉽게 뺄 수 있었다. 그 남자는 아무 일 없었다는 듯 부인의 미소를 뒤로하고 가던 길을 재촉했다. 보는 사람이 다 훈훈한 순간이었다.

 우리 아파트 분리수거함 한편에는 재활용품 중 쓸 만해 보이는 물건을 놓아두는 작은 공간이 있다. 누군지는 알 수 없으나 분리수거함에 버려진 물건 중 쓸 만한 물건을 잘 손질해 따로 놔두는 것이다. 때로는 작은 진열대가, 때로는 운동화가 놓여 있기도 한다. 분리수거함에 처박혀 있었으면 아무도 거들떠보지 않았을 물건들을 잘 손질해 놔두면 누군가에겐 꼭 필요한 물건이 된다. 작지만 소중한 정성이 여러 사람에게 도움이 될 뿐 아니라 환경을 생각하는 계기도 되곤 한다. 그분의 따뜻한 마음씀씀이는 그 물건을 가져가 도움을 받은 사람들뿐만 아니라 단지 내 입주자들의 마음까지도 넉넉하게 만드는 마술과도 같다.

  이 외에도 필자는 우리의 시민의식이나 공동체의식이 선진국 수준에 필적할 만큼 높아지고 있다고 느끼게 만드는 여러 사례를 아파트 생활을 통해 자주 접하고 있다. 무릇 사람 사는 세상의 일이란 분쟁과 소송 같은 불미스런 일은 크게 퍼지고, 아름다운 일은 쉬이 묻히기 마련이다. 게다가 필자는 공동주택 분쟁을 다루는 일을 업으로 하다 보니 아무래도 공동주택 문화를 비관적으로 보기가 쉽다. 하지만 눈을 크게 뜨고 스치는 일상을 차분히 바라보면, 함께 사는 아파트 입주민들의 선한 마음과 아름다운 행동이 자주 눈에 띈다. 자기 정원도 아닌데 단지 내 정원을 정성스레 가꾸는 모습, 소공원의 흩어진 쓰레기를 모아 버리는 손길, 승강기에서 마주친 낯선 얼굴에게 보내는 미소는 우리의 일상을 넉넉히 보듬고 시멘트로 둘러싸인 아파트 생활을 여유롭게 만든다. 잘 살펴보자. 우리의 생활 터전을 아름답게 만드는 따뜻한 마음이 아파트에 어떻게 흐르고 있는지, 거기에 나도 한몫 보탤 일은 없는지. (2011년 4월 6일)

#공동체의식 #일상적인 배려

어느 입주자대표의 사직서

　최근 대법원은 입주자대표회장이 사임 발언을 했음에도 직인 인계를 거부해 주민들에게 손해를 입혔다면 이를 배상해야 한다는 판결을 확정했다. 이 아파트의 대표회장은 회의 도중 다른 동대표들과 심한 언쟁을 벌였다. 그러던 중 흥분이 더해지자 "회장 끝났어요", "안 할 거야", "인수인계 받으세요"라고 하는 등 수차례 회장직을 사임한다는 취지의 발언을 했던 모양이다. 회의가 끝난 뒤 동대표들이 회장직을 사임했으니 직인 및 인감을 돌려달라고 요청했는데, 당사자는 "동대표들과의 언쟁으로 회의를 더 이상 계속할 수 없어 회의장을 나가겠다는 뜻이었지, 회장직을 그만두겠다는 뜻이 아니었다"고 주장하면서 직인 반환 요구를 거절했다. 회장의 이 같은 직인 반환 거부로 대표회의는 관리비 인출이 늦어져 난방비와 산재보험료 등을 연체하는 등 도합 220여 만 원의 손해를 입게 되었고, 대법원은 이를 사임한 대표회장 개인이 배상해야 한다고 본 것이다.

간혹 이와 같이 대표회장이 회장직을 사임하는 경우(입주자대표가 사임하는 경우도 마찬가지)가 발생한다. 그런데 애초의 의지와 같이 사임 의사를 유지하면 문제가 없지만, 마음이 달라지는 경우에는 사임의 효력을 둘러싼 법적 분쟁이 발생한다. 그래서 오늘은 이에 관한 법적 기준을 정리해보려고 한다.

우선 공동주택 관리규약에 대표회장 사임의 효력 발생 시기에 대해 특별한 규정이 없는 경우이다. 현행 서울특별시 공동주택 관리규약준칙에도 사임의 효력 발생 시기 관련 규정이 없다. 이 경우 대법원은 "법인의 이사를 사임하는 행위는 상대방 있는 단독행위라 할 것이어서 그 의사 표시가 상대방에게 도달함과 동시에 그 효력이 발생하고 그 의사 표시가 효력을 발생시킨 후에는 마음대로 이를 철회할 수 없음이 원칙"이라고 보고 있다(법인 이사에 관한 판례이나 비법인 사단인 입주자대표회의도 마찬가지이다). 다만, "사임서 제시 당시 즉각적인 철회 권유로 사임서 제출을 미루거나, 대표자에게 사표의 처리를 일임하거나, 사임서의 작성일자를 제출일 이후로 기재한 경우 등 사임 의사가 즉각적이라고 볼 수 없는 특별한 사정이 있을 경우에는 별도의 사임서 제출이나 대표자의 수리행위 등이 있어야 사임의 효력이 발생하고, 그 이전에 사임 의사를 철회할 수 있다"는 예외를 인정한다(대법원 1992. 4. 10. 선고 91다43138 판결 등 참조).

만약 공동주택 관리규약에 특별한 규정을 두고 있다면? "법인이 정관에서 이사의 사임 절차나 사임 의사 표시의 효력 발생 시기 등에 관해 특별한 규정을 둔 경우에는 그에 따라야 하는 바, 위와 같은 경우에는 이사의 사임 의사 표시가 법인의 대표자에게 도달했다고 하더라도 그와 같은 사정만으로 곧바로 사임의 효력이 발생하는 것은 아니고 정관에 따라 사임의 효력이 발생하기 전에는 그 사임 의사를 자유롭게 철회할 수 있다."(대법원 2008. 9. 25. 선고 2007다17109 판결 등 참조) 예컨대 규약에 대표회장의 사임은 입주자대표회의 의결로 승인해야 한다고 규정하고 있다면 사직서를 제출했어도 대표회의 승인 의결 전에는 사직서를 철회할 수 있다는 것이다.

이와 같이 대표회장이나 입주자대표의 사임과 관련한 법적 기준은 명확하다. 오히려 혼란이 발생하는 이유는 입주자들의 위임을 받아 막중한 업무를 수행해야 할 입주자대표가 그 책임을 망각하고 사임 의사를 남발하는 경우이다. 사임 의사는 그래서 신중하게 표시해야 한다. 안 그러면 사람 꼴만 우세스러워진다. (2011년 6월 1일)

#입주자대표의 사임 #사임의 효력 발생 시기

> 2015년 2월 9일 개정된 서울특별시 공동주택 관리규약준칙 제20조 제12항은 "동별 대표자 또는 임원이 자진 사퇴하고자 할 경우에는 서면으로 입주자대표회의 또는 선거관리위원회에 사퇴서를 제출해야 하며, 사퇴의 효력은 사퇴서를 제출한 동시에 발효된다"는 규정을 신설해 사퇴의 효력 발생 시기와 관련된 논란도 자연스럽게 해소되었다.

자치단체장 시정명령을 위반한 계약의 효력

　주택법 제59조 제1항 및 제90조 제1항은 국토해양부 장관 및 지방자치단체장에게 관리주체나 입주자대표회의에 대한 지도감독권을 부여하면서 시정명령을 할 수 있는 권한도 주고 있다. 그리고 시정명령의 실효성을 담보하기 위해 시정명령을 이행하지 않는 입주자대표회의 등에게 같은 법 제98조에서 1년 이하 징역 또는 1천만 원 이하 벌금의 형사처벌을, 같은 법 제101조에서 500만 원 이하 과태료 처분을 할 수 있도록 규정하고 있다. 이러한 법조항에 근거해 자치단체장은 알뜰장 개설, 난방공사 시행, 용역업체의 선정 등 다양한 분야에 대해 시정명령을 내려왔고, 아파트 단지에서는 다소 억울한 점이 있더라도 형사처벌이나 과태료 처분의 부담 때문에 시정명령을 따르곤 했다. 그래서 시정명령을 위반해 이루어진 입주자대표회의나 관리주체의 사법상 행위, 예컨대 알뜰장 계약이나 각종 공사 및 용역계약의 효력에 대한 관심은 크지 않았다.

그런데 최근 주택관리업자 및 사업자 선정지침의 준수 여부와 관련해 관할관청의 시정명령에 입주자대표회의가 불복하는 사례가 늘어가고 있다. 예컨대, 입주자대표회의가 주택관리업자의 선정과 관련해 사업자 선정지침이 정한 절차를 준수하지 않았다는 이유로 관할관청에서 입찰 결과를 취소하고 재선정 절차를 밟으라고 명령하는 경우가 있다. 하지만 입주자대표회의가 그 시정명령을 따르지 않는다면, 그 주요한 원인 중의 하나는 시정명령이 이미 체결된 사법상 계약의 효력까지 부인할 근거가 되는지가 불분명하기 때문이다. 관할관청이 입찰절차를 다시 밟도록 시정명령을 한다면 이는 이미 체결된 위탁관리계약의 효력을 입주자대표회의가 무효화하는 것을 전제한다. 계약의 일방이 시정명령을 이유로 계약의 효력을 부인할 때 상대방인 관리업체 등이 이에 동의하면 문제가 되지 않지만, 이를 문제 삼고 법적 조치까지 거론하게 되면 입주자대표회의나 관리주체는 난감한 상황이 될 수밖에 없다.

자치단체장의 시정명령을 위반한 계약이 사법상 무효가 되는가는 국토해양부에서도 뾰족한 해답을 내놓지 못하고 있다. 만약 시정명령을 위반한 계약이라도 사법상 유효하다면, 이미 계약이 체결된 단지에서는 형사처벌이나 과태료를 부과받더라도 시정명령을 따르지 않을 가능성이 높아진다. 어차피 시정명령을 따르더라도 상대 업체로부터 손해배상청구 등의 소송을 당할 가능성이 크기 때문이다.

현행 주택법령의 규정 체계나 관련 법조항을 면밀히 해석해보면 관할관청의 시정명령을 위반했다 하더라도 사법상 계약의 효력은 유효하다는 것이 필자의 개인적 견해이다. 시정명령이라는 행정적 조치에 따르지 않을 경우의 불이익에 대해서는 형사처벌이나 과태료 처분의 불이익만이 예정되어 있기 때문이다. 그렇다면 시정명령이 발령되기 전에 사법상 계약이 체결된 경우에는 입주자대표회의가 시정명령을 따르고 업체와의 소송을 감수하거나, 시정명령에 따르지 않고 과태료 처분 등을 받는 사이에서 차악의 선택을 할 수 밖에 없는 난감한 상황에 빠지게 된다. 개인적 견해로는 차제에 법령을 개정해 자치단체장 등에게 시정명령과 더불어 계약 등 법률행위의 사법상 효력까지 부인할 수 있는 권한을 부여하는 것이 타당하다. 이렇게 법령의 근거가 마련되면 자치단체장은 시정명령으로 족한 경우에는 시정명령만을 발동하고, 계약의 효력까지 무력화시켜야 할 경우에는 시정명령과 함께 법률행위의 부인권한까지 행사할 수 있기 때문이다. 이렇게 하면 입주자대표회의도 어려운 선택의 부담을 덜 수 있다.(2011년 6월 29일)

#자치단체장 시정명령 #계약의 효력

관리규약의 효력을 정지시키려면?

아파트 관련 법률 분쟁이 나날이 느는 추세다. 하지만 상당수 분쟁은 법률적으로 성립하기 어려운 주장을 담고 있는데, 그중 관리규약의 효력을 부인해달라는 소송이 제법 있다. 예컨대 개정 관리규약이 전부 무효임을 확인해달라거나 일부 조항의 효력을 정지시켜달라는 소송이 그러하다. 일부 입주민들은 상위법에 어긋나거나 정의와 형평에 반하는 관리규약 조항이 존재할 경우 당연히 무효화시켜야 한다는 신념하에 소송을 제기하기도 한다. 그런데 사안이 그렇게 단순하지 않다.

아파트 관리규약은 입주자들이 자체적으로 만들어 서로의 공동주택 생활을 규율하는 효력을 부여한 것이다. 이러한 단체 내의 규범을 '자치법규'라고 한다. 자치법규 또한 법률이나 조례처럼 그 단체 내에서는 강제성을 띠게 되고, 위반하면 불이익을 당한다(반면 시도

지사가 배포하는 관리규약준칙은 각 아파트가 참고하도록 한 예시에 불과하므로 규범적 효력이 없다. 서울중앙지방법원 2010카합 3494 결정). 우리나라의 법률, 대통령령, 부령, 조례, 자치법규와 같은 모든 규범들은 헌법이나 법률 같은 상위 규범들의 통제를 받고, 그래서 법률은 헌법재판소에서, 나머지 대통령령, 부령, 조례, 자치법규 등은 법원에서 사법적 판단을 받는다. 그렇다고 해서 누구나 어떤 경우에도 규범들의 사법적 심사를 요구할 수 있는 것은 아니다.

규범에 대한 사법적 통제방식에는 두 가지 정책이 있다. 바로 추상적 규범통제와 구체적 규범통제이다. 전자는 관리규약과 같은 규범이 위헌·위법하면 누구나 아무런 전제 조건 없이도 사법부에 유무효의 판단을 구할 수 있는 제도를 말한다. 후자는 규범이 위헌·위법하더라도 그러한 규범에 의해 권리를 침해받거나 의무를 부과 받는 등 법률상 지위에 불이익을 받는 자만이 사법부에 유무효 판단을 구할 수 있는 제도이다. 즉, 후자는 구체적인 법률적 분쟁을 매개로만 규범 통제가 가능하도록 한 것이다.

최근 서울중앙지법에 모 아파트 입주민들이 "개정 관리규약이 동별 대표자로서의 자격이 없는 자들에 의해 제안됐고 서울시의 공동주택 관리규약준칙 규정을 준수하지 않았으며, 입주자들의 찬성 서명을 받으면서 그 개정 내용을 정확히 고지하지도 않았으므로 절차상 중대한 하자가 있다"며 관리규약의 무효를 구하는 소송을 제기했다. 하지만 법원은 "관리규약 중 개정된 조항 자체의 효력을 다투는 것은 일반적·추상적인 자치법규의 효력을 다투는 것일 뿐 당사자 사이의 구체적 권리 또는 법률관계의 존부확인을 구하는 것이 아니므로 부적법하다"며 소를 각하했다. 우리 사법체계에서 추상적 규범통제가 허용되지 않음을 재확인한 것이다.

결론적으로 관리규약이 무효라는 소신이 있다고 하더라도 그러한 관리규약에 근거해 내가 법률적 불이익을 받게 되는 경우가 아니라면 다툴 방법이 없다. 설혹 법률적 불이익을 입었다 하더라도 바로 관리규약을 대상으로 무효확인을 구하면 안 된다. 예컨대 관리비 조항이 문제가 있다면 '관리비채무부존재확인소송'을 제기해 그 전제로서 관리규약의 관리비 조항이 무효임을 다투어야 하고, 동대표 자격제한이 문제가 되어 입후보가 거절되었다면 '동대표입후보자자격보전 가처분신청'을 제기하면서 관리규약의 동대표 결격 사유 조항의 무효를 전제사실로서 주장해야 하는 것이다. 필자가 이미 지적했던 것처럼 시도지사가 배포하는 관리규약준칙에조차 상위법령에 반하는 무효 조항들이 존재하는 형편이니 각 아파트에서도 관리규약의 효력을 둘러싼 분쟁이 빈번할 수밖에 없다. 전문가와의 상담이 필수적이라 하겠다.(2011년 7월 20일)

#관리규약 #자치법규 #추상적 규범통제 #구체적 규범통제

법무부의 집합건물법 개정시안과 하자보수

　법무부는 지난 1월 집합건물법 개정위원회를 출범시켰고, 십여 차례의 토의를 거쳐 지난달 21일 집합건물법 개정을 위한 공청회를 개최했다. 이날 공청회에서는 집합건물법 개정위원회 위원장이 직접 집합건물법 개정시안을 발표하고 개정시안의 취지와 주요내용을 설명하기도 했다. 개정시안에는 집합건물의 하자보수책임과 관련한 조항들이 새롭게 추가되거나 변경되었는데, 하자담보책임을 강화하고 합리화하는 방향으로 구성되었다.

　우선 담보책임 기간과 관련해서는 집합건물의 안정성을 위태롭게 하는 내력구조부 및 지반공사의 경우 20년, 구조부분 및 지반공사의 경우에는 10년, 그 외 하자에 대해서는 10년 이내에서 대통령령이 정하는 기간으로 나누었다. 일률적으로 담보책임 기간을 10년으로 했던 기존 법률에 비해 담보책임 기간을 합리적으로 세분화하려는 의도가 눈에 띈다.

또한 우리가 속칭 '시행사'라고 칭하는 집합건물의 분양자뿐 아니라 '시공사'라고 칭하는 건설회사에 대해서도 하자담보책임을 일정 부분 물을 수 있도록 하고 있다. 더불어 개정시안에서는 집합건물법 부칙 제6조의 단서조항인 "다만, 공동주택의 담보책임 및 하자보수에 관해서는 주택법 제46조의 규정이 정하는 바에 따른다"는 내용을 삭제하는 방안이 추진된다고 한다.

위와 같은 개정시안은 헌법재판소의 주택법에 대한 일부 위헌결정에도 불구하고 집합건물법 부칙 제6조의 단서규정과 주택법 제46조의 규정이 집합건물이면서 공동주택인 아파트에 대한 하자담보책임에 관해 혼란을 야기하고 있는 현실을 반영하고 있다. 또한 이를 바로잡기 위해 집합건물법이 주택법의 기본법이고, 하자담보책임에 관한 모법이라는 근거를 명확히 하고 각 공종별 하자의 권리행사 기간을 합리화하기 위한 의도라는 점도 충분히 고려한 것으로 보인다.

여러 차례의 대법원 판결에서도 지적된 것처럼, 입주자들이 가지는 하자담보추급권은 집합건물법에 근거한 것이고, 주택법은 하자보수 절차를 신속하고 원활하게 하기 위해 행정적 절차를 규율하는 것에 불과하다. 따라서 하자담보책임과 관련해서는 집합건물법이 우선 적용될 수 있도록 주택법과의 관계를 명확히 하는 것이 불가결한 과제였다. 게다가 건축기술이 발전하고 집합건물의 수명도 길어진 반면 부실건축물에 의한 안전사고의 위험은 줄어들지 않고 있는 현실에서, 하자담보책임 기간을 최장 20년까지 장기화하고 경미한 공종의 하자에 대해서는 대통령령으로 단기의 담보책임기간을 정하도록 한 것도 매우 합리적이다. 자력(資力)이 부족한 경우가 대부분인 시행사가 아니라 실제 공사를 담당한 시공사의 담보책임을 인정한 것도 쌍수를 들어 환영할 일이다.

다만 아쉬운 것은 집합건물의 하자로 인해 목적물이 멸실·훼손된 때는 멸실·훼손된 때로부터 1년 이내에 권리를 행사하도록 규정한 부분이다. 공동주택을 비롯한 집합건물은 통상 구분소유로 되어 있기 마련이다. 따라서 전유부분은 몰라도 공용부분의 경우 상대적으로 관리에 소홀할 수 있고, 경우에 따라서는 멸실·훼손을 방치하거나 인지하지 못하는 경우도 많다. 그럼에도 불구하고 멸실·훼손의 경우 반드시 1년 이내에 권리행사를 해야 한다고 하면 지나치게 짧은 기간으로 말미암아 정당한 권리가 조기에 소멸될 위험이 크다. 부실공사로 인한 하자가 멸실·훼손에까지 이르지 않으면 10년의 담보책임을 부담하게 되지만, 멸실·훼손될 정도의 심한 하자는 1년의 기간으로 권리가 소멸한다면 앞뒤가 맞지 않는다. 담보책임 기간을 장기로 설정한 취지 자체가 몰각될 위험이 존재하는 것이다. 따라서 개정시안이 확정되어 국회로 가기 전에 이러한 부분은 수정되어야 한다.

어쨌든 사소한 지적사항을 제외하고는 법무부의 개정시안은 집합건물 하자담보책임을 둘러싼 현재의 상황과 이에 대한 대안을 적절하게 반영하고 있다. 이러한 개정시안이 국회로 보내져 법률로 제정되기까지 원칙과 방향이 훼손되지 않기를 간절히 바란다. 위헌판결을 받은 개정 주택법의 사례에서 보듯이, 국회가 건설사들의 입장에 서서 체계상으로도 맞지 않는 법률안을 의결했던 전례들이 우려스럽기 때문이다.(2011년 8월 10일)

#집합건물법 개정시안 #하자담보책임 기간 #시공사의 하자담보책임

주택법에 의한 과태료 부과를 다투는 방법

　주택법은 공동주택관리에 관한 감독권한을 국토해양부 장관과 지방자치단체장에게 부여하고 있고, 그에 따라 국토해양부 장관 또는 지방자치단체장은 입주자·사용자·관리주체·입주자대표회의 등에게 시정명령, 공사중지·원상복구 등의 시정조치 및 과태료 처분을 할 수 있다(주택법 제59조, 제91조, 제101조, 제101조의 2 각 참조). 이러한 시정명령이나 시정조치 등에 대해 불복이 있는 입주자대표회의 등은 국토해양부 장관 또는 지방자치단체장을 상대로 시정명령·시정조치의 취소나 무효를 구하는 행정소송을 제기함으로써 시정명령과 시정조치의 적법성을 사법부로부터 판단 받을 재판청구권이 보장된다.
　그런데 문제는 국토해양부 장관 또는 지방자치단체장이 주택법을 근거로 입주자대표회의 등에 과태료 처분을 하는 경우이다. 주택법에는 과태료를 부과할 수 있는 근거조문만 있을 뿐 과태료 처분에 불복이 있을 경우 입주자대표회의 등이 다툴 수 있는 절차에 관해서는 따로 규정을 두고 있지 않다. 그렇다면 입주자대표회의 등은 시정명령이나 시정조치에서와 같이 국토해양부 장관이나 지방자치단체장을 상대로 과태료부과처분의 취소나 무효를 구하는 행정소송을 제기할 수 있는 것일까? 결론은, 그렇지 않다.

과태료 부과대상, 부과 및 징수절차, 재판과 집행절차 등 과태료 일반에 관해 따로 정하고 있는 '질서위반행위규제법'(2007년 12월 21일 법률 제8725호 신규제정, 2009년 4월 1일 법률 제9617호 일부개정, 2011년 4월 5일 법률 제10544호 일부개정)이 시행되고 있기 때문이다. 질서위반행위규제법은 민법, 민사소송법, 변호사법 등 일부 법률에서 규정하고 있는 과태료를 제외한 과태료 전반에 적용되는 법률로서 다른 법률에서 과태료에 관해 달리 규정하고 있더라도 동법이 우선 적용되는 등 과태료에 관한 일반법으로 기능한다(동법 제2조, 제5조).

그런데 동법에 의하면 과태료 처분의 불복절차에 대해서는 행정소송이 아닌 특별절차를 두고 있다. 즉, 과태료 처분을 받은 상대방이 불복하고자 하는 경우에는 처분통지를 받은 날로부터 60일 이내에 관할 행정청에 서면으로 이의제기를 해야 하고(동법 제20조), 행정청은 이의제기를 받아들이지 않는 한 관할 법원에 이의제기 사실을 통지해야 한다(동법 제21조). 이의제기 사실을 통지받은 법원은 비송사건절차법의 규정을 준용해 과태료 재판을 해야 하는데(동법 제28조), 당사자를 소환해 심문절차를 거친 후 이유를 붙여 결정으로 재판을 할 수도 있고(동법 제31조, 제36조), 심문절차를 생략하고 약식재판을 할 수도 있다(제44조). 약식재판에 대해 이의신청이 있을 때는 다시 심문절차를 거쳐 결정으로 재판을 해야 하고, 결정에 대해서는 항고로 불복할 수 있다(동법 제45조, 제50조, 제38조).

그런데 질서위반행위규제법이 정한 과태료에 대한 이의신청 및 비송사건절차법에 따른 과태료 재판절차를 거치지 않고, 과태료 처분에 대한 일반행정소송을 제기하면 어떻게 될까? 대법원은 건축법상 과태료 처분에 대해 비송사건절차법에 따른 과태료 재판을 거치지 않고 행정소송을 제기한 사례에서 "과태료 처분은 행정소송의 대상이 되는 행정처분이라고 볼 수 없다"는 이유로 소를 각하한 전례가 있다(대법원 1995. 7. 28. 선고 95누2623 판결). 최근 서울고등법원에서도 주택법상 과태료 부과에 대해 행정소송을 제기한 것은 절차가 부적법하다는 이유로 소 각하 판결을 내렸다. 따라서 입주자대표회의 등은 시정명령, 시정조치와 과태료는 각각의 불복절차가 다르다는 점에 유의해야 할 것이다.(2011년 11월 16일)

#주택법에 의한 과태료 처분 #질서위반행위규제법 #과태료 처분의 불복절차

단지 내 도시가스 정압기를 보셨나요?

　공동주택 단지를 건설하는 사업주체는 난방을 공급받는 문제를 해결해야 한다. 추후 입주자들이 생활하는 데 난방시설이 필수적이기 때문이다. 그래서 사용승인 전 공동주택 건설 과정에서 도시가스 공급업체와 도시가스의 공급 문제를 협의하게 되고, 공급업체는 사업주체와의 협의 및 계약을 통해 도시가스 공급시설을 설치한다.
　이런 시설 중 공동주택 단지 내에 설치되는 정압기가 문제가 되고 있다. 정압기란 도시가스 공급업체가 공급하는 중·고압의 도시가스를 저압의 가정용으로 변환시켜주는 장치를 말한다. 단지 내 입주자들에게만 공급하기 위한 단독정압기와 인근 주민들에게도 공급하기 위한 지역정압기로 분류되는데, 통상 33제곱미터 이상의 면적에 설치되고 있다.
　정압기 시설에 대해서는 종래 공동주택 입주자들의 재산권 침해 문제로 인한 다툼이 빈번하게 발생했다. 입주민들을 배제하고 사업주체와만 협의 및 계약을 한 뒤 단지 내 공용부분에 설치된 정압기가 입주자들의 공용부분 사용권을 침해한다는 것이다. 이에 대해 도시가스 공급업체는 사업주체의 난방공급 요구에 따라 협의 및 계약에 근거해서 설치했고, 해당 단지의 입주자들이 혜택을 보는 시설이므로 문제될 게 없다는 입장이었다. 결국 이러한 입장 차이는 소송으로 발전했고, 여러 소송에서 도시가스 공급업체에 대한 입주자들의 정압시설 철거 및 원상회복 청구가 받아들여졌다. 소송에서 진 도시가스 공급업체는 이제 입주자들과의 사용권계약에 따라 공용부분 사용료를 지급할 판이 된 것이다.

그런데 사용권 침해 문제에서 더 나아가 최근 정압기 시설이 관련법상 불법시설물이라는 주장까지 제기되고 있다. 강원도의 한 자치단체 공동주택 입주자들이 '공동주택 도시가스 주민대책위원회'를 구성하고 단지 내 정압시설과 관련한 입주민 권리찾기운동에 나선 것이다. 이들의 주장에 따르면 정압시설은 폭발의 위험성 때문에 단지 내 설치가 금지된 간선시설이고, 건축법을 위반한 불법시설물이라고 한다. 현재 단지 내 정압기는 한국가스안전공사의 기술검토서만 첨부해 신고하고 설치하고 있는데 만약 안전에 문제가 있거나 건축법상 허용되지 않는 시설물이라면 심각한 문제가 아닐 수 없다. 대책위원회에서는 관할 관청에 정압기의 건축법 위반여부와 행정조치에 대한 의견을 묻고, 무단점유 실태조사 및 부당이득 환수까지 추진

한다고 한다.

단지 내 정압기 설치는 알음알음으로 문제가 있다는 점을 인식한 공동주택의 입주자들만이 목소리를 높여왔던 일이었는데, 차제에 정압기 설치 과정에 대한 정밀한 검토와 제도적 보완이 이루어져야 할 것이다. 입주자들의 안전과 관련된 문제제기가 벌어진 상황이라면 해당 자치단체뿐만 아니라 전국 공동주택을 대상으로 실태조사 및 안전성 점검 등이 필요할 것이다.

또한 정압기 설치와 관련한 입주자들의 공용부분 사용권 침해소지를 없애기 위한 조치도 검토되고 대책이 마련되어야 한다. 도시가스를 공급받는 혜택은 입주자들이 가스요금을 지불함으로써 정당화된 것인데, 이를 빌미로 도시가스 공급업체의 정압기 시설부지 무단사용이 허용되는 것은 아니기 때문이다. (2011년 12월 7일)

#도시가스정압기 #공용부분 사용권 #입주민 권리찾기

서면동의서 효력은 언제 발생할까?

공동주택관리와 관련해 입주자 등의 서면동의서를 받는 경우가 심심찮게 발생한다. 관리업체의 교체나 관리방법의 결정 및 변경요구, 보육시설 임대차계약 등의 동의, 관리규약의 제정 및 개정에 대한 동의와 개정에 대한 제안, 동별 대표자의 불신임이나 입주자대표회의 해산 등 입주자 등의 동의가 필요한 사안이 다수 있기 때문이다.

그런데 이 같은 사안에서 서면동의의 정족수가 갖추어졌을 때 그 효력이 언제 발생하는지에 대해서는 주택법령 및 관리규약에 특별한 규정이 없다. 따라서 그 해석을 둘러싸고 많은 분쟁이 발생하고 있다. 왜냐하면 서면동의가 완성되어 효력이 발생하기 전에는 동의한 입주자 등이 특별한 사유가 없더라도 동의의사를 철회할 수 있는 반면, 효력이 발생한 후에는 동의의사의 철회가 불가능하기 때문이다.

그런 의미에서 철회는 특별한 사유(기망, 착오, 불공정한 법률행위 등)가 있을 경우에 한해 효력 발생 전후를 불문하고 할 수 있는 의사표시의 취소와는 구별된다.

최근 수원지방법원 안양지원에서는 의사표시의 철회 및 입주자대표회의 해산 사유와 관련해 의미 있는 판결이 선고되었다. 우선 법원에서는 입주자대표회의 해산 사유와 관련해 "입주자대표회의와 입주자 간의 법률관계는 위임 내지 이와 유사한 신임관계라고 할 것이므로 해산 사유를 입주자들에게 재산상 손실을 끼친 때로만 한정할 수 없다"고 전제하고, "입주자대표회의의 업무수행 과정상 고의 또는 중과실로 신임관계에 위배한 잘못 때문에 입주자대표회의의 인적 구성을 그대로 유지하는 것이 부적절하다고 여겨지는 사유를 일반적으로 포괄한다"고 판시했다.

이는 입주자대표회의 해산 사유로서 '입주자 등에게 재산상 손실을 입힌 때'라는 것을, 재산상 구체적 손실이 발생한 경우뿐만 아니라 재산상 손실 발생의 추상적 위험이 발생한 때까지도 포함해 해석해야 한다는 필자의 의견과도 매우 근접한 것으로, 타당한 판결이라고 생각된다. 입주자대표회의의 과오로 인해 입주자들에게 재산상 손실이 발생했는지를 입증하는 것은 매우 어려운 일이다. 민사소송상 해산 사유는 해산을 주장하는 입주자 등에게 있으므로 해산 사유인 재산상 손실을 엄격하게 제한하면 입주자대표회의가 잘못을 했더라도 그 해산이 현실적으로 불가능할 수 있기 때문이다.

더불어 법원에서는 "주택법상 입주자대표회의는 입주자들의 선거를 통해 선출된 동대표로 구성된 공동주택의 주민자치적 단체이므로 서면동의서에 나타난 입주자들의 의사를 최대한 존중할 필요가 있"다면서, "관리규약상 입주자 등의 3분의 2 이상 해산 사유가 명기된 서면동의서를 관리주체에게 제출한 동시에 해산결정의 효력이 발효되고 관리주체는 즉시 관리규약에 따라 선거절차를 진행하도록 돼 있다"고 해 서면동의서의 효력 발생 시기를 '서면동의서를 관리주체에게 제출한 때'로 못 박았다. 당연한 논리적 귀결로 "(관리주체에게) 제출된 서면동의서는 제출 즉시 효력이 발생하므로 사후에 철회한다고 무효일 수 없다"는 판단도 덧붙였다.

관리규약에는 통상 "입주자대표회의가 고의 또는 중과실에 의한 하자로 입주자 등에게 재산상의 손실 등을 끼친 경우 입주자 등은 해산 또는 개선을 입주자 등의 3분의 2 이상의 서면동의로 결정할 수 있다"고만 규정하고 있다. 문구대로라면 입주자 등 3분의 2 이상이 해산에 동의한 순간, 즉 3분의 2에 해당하는 입주자의 해산동의 서명이 완료되는 순간 입주자대표회의는 해산된 것이다. 하지만 신이 아닌 이상 이 시점을 확정할 방법이 없다. 그렇다면 3분의 2 이상의 입주자 등이 해산동의에 서명했음이 객관적으로 명백하게 외부적으로 표현된 때를 기준으로 삼을 수밖에 없다. 그 최초의 시기는 관리주체에게 해산동의서가 접수된 때이고, 이것이 가장 적절한 기준이 된다. 이러한 법리는 입주자대표회의 해산뿐 아니라 주택법령 및 관리규약에서 규정하고 있는 여러 입주자 등의 서면동의의 경우에도 같이 적용될 수 있을 것이다.(2012년 1월 18일)

#서면동의 #입주자대표회의 해산 #동의의사의 철회

지자체장의 입주자대표회의 구성 신고 반려

근래 지방자치단체에서 입주자대표회의 구성 신고를 반려한 것과 관련된 법원의 판결들이 잇따르고 있다. 개정 주택법 시행령에 따른 관리규약의 개정 없이 동대표를 선출하고, 선거관리위원장도 없이 선거사무를 추진했던 부산의 한 아파트에서는 입주자대표회의 구성 신고가 구청장에 의해 거부되자 소송을 제기했다. 이에 대해 부산지방법원 행정부는 주택법령에 위반되어 구성된 입주자대표회의 구성 신고를 거부한 것은 정당하다며 원고 패소판결을 내렸다. 종전 동대표들의 임기가 만료되자 관리소장이 선거관리위원들을 위촉해 입주자대표회의를 구성한 후 대표회의 구성 신고를 한 사안에서도, 의정부지방법원 행정부는 지자체장이 구성 신고를 반려한 것이 적법하다고 판결했다.

이와 같이 자치단체장이 입주자대표회의 구성 신고를 불수리하거나 반려하는 법적 근거는 무엇일까? 또한 어떠한 이유로 구성 신고를 반려할 수 있는 것인가를 좀 더 꼼꼼히 따져보기로 한다.

신고申告란 사인私人이 일정한 사실을 행정청에 알리는 것을 말한다. 이러한 신고는 법적 효과의 발생과 관련해 두 가지로 구분되는데, 첫 번째는 사인의 신고 그 자체로 법적 절차가 완료되는 경우, 즉 신고 그 자체가 행정기관에 도달하면 법령이 정한 효과가 발생하는 자기완결적 신고(또는 수리를 요하지 않는 신고)가 있다.

두 번째는 사인의 신고 외에 행정청이 신고를 수리하는 절차가 이행되어야만 신고의 법적 절차가 완료되는 경우, 즉 신고에 대한 행정청의 유효한 수리절차가 있어야 법적 효과가 발생하는 행정요건적 신고(또는 수리를 요하는 신고)가 있다. 두 번째 유형의 신고는 문구상으로는 신고이나 실질적으로는 관할행정청의 신고수리 여부에 대한 실질적 심사가 불가피하다는 점에서 허가제와 유사한 구조를 갖는다.

수산업법상의 수산제조업 신고(대법원 1999. 12. 24. 선고 98다57419 판결), 체육시설의 설치·이용에 관한 법률상의 신고(대법원 1998. 4. 24. 선고 97도3121 판결), 의료법상의 의원개설 신고(대법원 1985. 4. 23. 선고 84도2953 판결) 등이 첫 번째 유형인 자기완결적 신고에 해당하고, 이 경우 첨부서류 등 형식적 요건을 갖추어 신고가 이루어지면 행정청의 수리여부와는 무관하게 신고에 따른 법률효과가 부여된다.

반면 건축법상의 건축신고(대법원 2011. 1. 20. 선고 2010두14954 전원합의체 판결)와 같은 행정요건적 신고는 허가제나 등록제를 운영하는 취지와 같이 실체적 사유에 대한 실질적 심사까지도 가능하며, 신고 수리가 거부되면 신고의 효과가 발생하지 않는다.

주택법 제43조 제3항에 따른 입주자대표회의 구성에 관한 신고에 대해, 법제처는 관할관청이 입주자대표회의 구성원을 선출하는 과정이 적법했는지 등 입주자대표회의가 법령에 정한 요건을 갖추었는지 여부를 심사해 그 신고의 수리 여부를 결정할 수 있다고 유권해석을 내리고 있다. 그리고 그와 같이 판단하는 근거는 같은 법 조항 및 같은 법 시행령 제52조 제3항, 같은 법 시행규칙 제24조 및 별지 제34의 2 서식 등을 종합적으로 고려하고, 주택법의 입법목적, 주택법 제59조 제1항 및 같은 법 시행령 제84조가 자치단체장에게 입주자대표회의에 대한 자료제출 요구, 시정명령, 소속공무원을 통한 출입 및 현장조사 등의 실시권한을 부여한 점 등을 감안하여 나온 것이다. 따라서 자치단체장은 입주자대표회의 구성 신고 당시에 이미 입주자대표회의가 적법하게 운영되기 어려운 사정이 있다면 이를 실질적으로 심사해 신고의 수리를 거부하는 것이 타당하다는 것이다.

이와 같은 법리에 의하면 지자체장은 대표회의 구성 신고에 대한 실질적 심사권한을 발휘함으로써 위법한 대표회의가 공동주택을 관리하면서 발생시킬 수 있는 연쇄적인 불법과 분쟁의 발생을 미연에 방지할 수 있게 된다. 반면, 지자체장이 입주자대표회의 구성의 합법과 불법을 명료하게 구분하지 못하게 되면 더 많은 민원과 불필요한 분쟁을 가속화시킬 위험도 존재한다. 공동주택관리에 관한 지방자치

단체의 더 많은 관심과 노력이 요구되는 이유이다. (2012년 5월 30일)

#자기완결적 신고 #행정요건적 신고 #행정청의 신고수리 #입주자대표회의 구성 신고

설계상 하자는 사업주체의 책임이다

필자는 지금까지 약 300개가 넘는 공동주택 단지의 하자보수 문제를 처리해왔다. 그중 많은 단지에서는 우선적으로 입주자대표회의와 사업주체가 원만히 하자보수에 관한 합의를 할 수 있도록 적법절차에 관한 법률자문을 해주었다. 하지만 상당수 단지에서는 결국 합의에 이르지 못하고 소송으로 비화하기도 했다.

사업주체에 대한 하자보수비 청구소송이 제기되는 주요 요인 중의 하나가 바로 설계상 하자, 즉 설계도면대로 시공이 되긴 했으나 설계도서가 관련법규나 건축기술상의 기준과 달리 작성되어서 발생한 하자이다. 입주자대표회의에서는 사업주체가 부지매입, 건축설계, 시공, 분양까지 모두 책임지고 입주를 시켰으므로 설계상 하자도 사업주체의 책임이라고 주장한다. 하지만 사업주체는 주택법 제46조 제1항이 하자보수책임을 "공사상 잘못으로 인한 균열·침하·파손 등 대통령령으로 정하는 하자"로 규정하고 있으므로 공사의 잘못이 아닌 설계상 하자에는 책임이 없다는 태도로 나오기 일쑤이다. 이러한 입장차는 소송 과정에도 그대로 반영되는데, 하지만 대부분의 사례에서 입주자들의 주장이 받아들여지고 있다.

 이와 관련해서 최근 법제처에서 반가운 유권해석이 나왔다. 법제처가 주택법령에 의해 사업주체가 책임져야 하는 공동주택의 하자 범위에 시공하자 외에 설계나 감리의 하자도 포함된다고 밝힌 것이다. 즉, 구 주택법(2005년 5월 26일 일부개정되기 전의 것을 말함)의 '공동주택의 하자'라는 표현이 현행 '공사상 잘못으로 인한 하자'로 개정된 것은 구 집합건물법(2005년 5월 26일 일부개정되기 전의 것을 말함)상 일률적으로 10년으로 정하고 있던 주택의 하자담보책임 기간을 주택부품의 내구수명에 따라 합리적으로 정하고자 함이었고, 공동주택에 발생한 하자의 책임범위에 대해 시공자, 설계자, 또는 감리자 사이에 분쟁이 발생한 경우 건축분쟁조정위원회에서 조정하도록 하는 내용으로 구 주택법을 개정하는 과정에서 비롯된 것임을 지적했다. 이러한 개정 주택법의 개정취지와 의도를 살펴볼 때, 설계하자를 사업주체의 하자보수책임에서 특별히 제외하기 위한 목적을 찾아보기 어려울 뿐만 아니라 오히려 시공하자 외에 설계나 감리의 하자에 대해서도 사업주체에게 하자보수를 청구할 수 있다고 해석함이 올바르다는 것이다. 또한 주택법 제22조에서 설계자에게 법에 따라 미리 정해진 설계기준에 맞게 설계해야 할 의무를 부과하고 있고, 사업주체는 이러한 설계도서에 맞게 시공할 의무가 있으므로, '공사상 잘못으로 인한 하자'는 목적물인 공동주택에 대한 총체적인 책임으로 이해되어야 하며, 법령과 기준을 위반한 설계도서에 대해서는 사업주체가 여러 단계의 공사 과정에서 이를 시정할 수 있었음에도 그대로 공사한 것에 대한 포괄적 책임이 있다는 것이다.

 사실 입주자들은 공동주택을 시공해 분양하는 사업주체나 시공사를 신뢰해 청약을 하게 마련이다. 건축에 비전문가인 입주자들은 최초 설계나 변경설계가 건축법규나 건축기술상의 기준에 맞게 작성되었는지를 파악할 능력이 부족하다. 더구나 건축설계자의 선택과 업무조율은 사업주체나 시공자가 전적으로 맡아 하고 있고, 입주자들은 여기에 관여할 방법도 없다. 그렇다면 설계가 잘못되어 공동주택이 기능을 다하지 못한 데 따른 책임소재가 사업주체나 시공자 측에 있다는 것은 명백하다. 그럼에도 불구하고 주택법령의 사소한 표현의 차이를 들어 그 책임을 회피하는 것은 온당치 못하다. 그간 용감한 입주자들만이 사법부의 힘을 빌려 자신들의 권리를 찾아왔다면, 이번 법제처의 유권해석은 미처 소송을 생각하지 못했거나 엄두를 내지 못했던 입주자들의 잃어버린 권리찾기에도 큰 힘이 될 것이라 기대된다. 올바른 행정이란 이런 것이다. (2012년 6월 27일)

#사업주체의 하자보수책임 #설계상 하자

관리비 체납자의 입주자대표 자격

현행 주택법 시행령 제50조 제4항은 동별 대표자가 될 수 없는 결격 사유를 규정하고 있다. 미성년자, 금치산자, 한정치산자, 파산자로서 복권되지 아니한 사람, 금고 이상의 실형을 선고받고 그 집행이 끝나거나 집행이 면제된 날로부터 5년이 지나지 아니한 사람 등 도합 10가지 결격 사유가 그것이다. 그런데 같은 항 제10호의 "관리비, 사용료 및 장기수선충당금 등(이하 '관리비 등'이라 한다)을 3개월 이상 연속해 체납한 사람"이라는 규정의 해석과 관련한 분쟁이 심심찮게 발생하고 있다.

최근 법제처가 해당 조항의 해석에 대한 입장을 내놓았다. 입주자대표의 결격 사유인 관리비 등 3개월 체납이 선출공고일을 기준으로 하는 것인지, 아니면 선출공고일 이전 어느 시점에서든 3개월 체납이 발생하면 결격 사유에 해당되는지에 대한 문제이다. 법제처는 결격 사유의 규정형식이 임용 또는 선출 당시 결격상태를 규정하는 방법과 과거 일회성 경력에 의한 결격 사유를 규정하는 방법 두 가지가 있음을 전제로, 해당 규정은 선출을 위한 공고 당시 체납상태에 있는 사람만을 입주자대표 결격으로 규정하고 있다고 보았다. 즉, 선출공고일 이전에 관리비 등을 3개월 연속 체납하고 있었다고 하더라도 선출공고일 시점으로 연체 관리비 등을 납부해 3개월 연속 체납상태를 벗어났다면 입주자대표 선출자격이 있다는 것이다.

이러한 해석의 근거로 법제처는 "입주자대표의 결격 사유는 헌법상 보장되는 기본권인 직업 선택의 자유나 경제활동의 자유를 제한하는 측면이 있으므로 되도록 이에 해당하는 경우를 제한적으로 해석할 필요"가 있다는 점을 들고 있다. 또한 같은 항의 다른 결격 사유들이 "해당 사유가 발생한 날로부터 일정 기간이 지나지 않은 경우에 한해 결격에 해당"되도록 한 것과의 형평성을 고려할 필요가 있다는 점도 감안했다고 한다. 즉, 일정 전과가 있다고 해서 그 후로 영원히 입주자대표의 결격이 되는 것이 아님에도 관리비 등 체납의 경우에만 일정 시점에 결격 사유가 발생했다고 해서 그 후로 계속 입주자대표가 될 수 없도록 한다면 형평에 맞지 않는다는 것이다.

이러한 법제처의 해석론은 일면 타당해 보이지만 미흡한 점도 있다. 인천 모 아파트의 동별대표자선거중지가처분신청사건에서 인천지방법원은 "선출공고 당시 관리비 등이 3개월 연체상태에 있었다 하더라도 입후보 등록 당시 연체상태가 해소되어 있었다면 동별 대표자의 출마자격이 있다"고 판단했다. 입후보자의 주민등록과 거주가 6개월 이상인지 여부는 주택법 시행령 제50조 제3항이 선출공고일을 기준으로 하도록 명백히 규정하고 있지만, 같은 조 제4항의 입주자대표 결격 사유 기준시점은 따로 규정이 없다는 것이다. 따라서 결격 사유를 제한적으로 해석하기 위해서는 선출공고일이 아닌 등록시점을 기준으로 관리비 등의 3개월 연체 여부를 판단하는 것이 더욱 타당하다는 것이다. 법제처가 관리비 등의 3개월 계속 연체가 선출공고일 이전에 있었다 하더라도 선출공고일 기준으로 연체가 해소되었다면 입주자대표 출마자격이 있다고 본 것은 결격 사유를 최대한 제한적으로 해석해야 한다는 취지이다. 인천지방법원의 가처분 결정취지 또한 같다.

그렇다면 각 공동주택에서는 관리비 등의 3개월 계속 연체에 따라 입주자대표 결격 사유가 발생하는 기준시점을 "선출공고일"로 보아야 하는지, "입후보 등록일"로 보아야 하는지 의문이 생길 수밖에 없다. 이러한 혼란은 입주자대표 출마자격으로서의 6개월 이상 주민등록 및 거주의 기준시점을 주택법 시행령 제50조 제3항이 선출공고 시로 명확히 규정하면서도 같은 조 제4항의 결격 사유 판단 시점에 대해는 침묵을 지킨 데서 시발되었다. 관리비 등 3개월 계속 연체뿐만 아니라 미성년자 등 다른 결격 사유와 관련해서도 혼란이 발생할 수 있다(예컨대, 선출공고 시에는 미성년이었으나 입후보 등록 시에 성년이 되었다면 동대표 결격 사유에 해당되는지 등). 주택법 시행령의 관련 규정이나

각 시도 관리규약준칙의 관련 규정의 개정을 통해서라도 정비가 필요한 부분이다.(2012년 7월 25일)

#입주자대표 결격 사유 #관리비 체납

하자보수보증금과 변호사 비용

최근 국토해양부는 하자보수보증금을 공동주택의 하자보수에 사용하는 등으로 용도를 제한하고, 보증금 사용내역을 신고하도록 하며, 사용내역을 신고하지 아니하거나 거짓신고를 하는 경우에는 과태료를, 보증금을 허용용도 이외로 사용하는 경우에는 형사처벌을 하도록 하는 내용의 주택법 및 같은 법 시행령의 개정을 준비하고 있다. 이러한 규제의 신설은 하자보수보증금을 공동주택의 하자보수에만 사용하도록 함으로써 입주자들의 재산권을 보호하고, 입주자대표회의 등이 하자보수보증금의 오사용에 따른 입주자들 간의 분쟁을 미연에 방지하고자 하는 목적이라고 한다.

그러나 필자가 보기에는 이러한 규제 신설의 목적이 제대로 달성되기보다는 부작용이 발생할 가능성이 더 커 보인다. 또한 국토해양부 법령 개정의 세부 내용에 따라서는 입주자들의 권리가 심각하게 침해될 우려도 엿보인다. 이러한 우려감이 드는 이유는 다음과 같다.

하자보수보증금의 사용용도를 정하는 대통령령의 예시규정에 따르면 하자보수보증금은 ① 하자심사 여부 판정결과에 따른 하자보수비용, ② 하자분쟁 조정 결과에 따른 하자보수비용, ③ 법원의 판정결과에 따른 비용, ④ 그 밖에 하자를 직접 보수하는 비용으로만 사용할 수 있다. 이와 같은 규제를 하는 목적에 대해 국토해양부는 "입주자대표회의 등이 보증회사에서 하자보수보증금을 수령한 후 이를 횡령, 변호사 비용 및 수고비 등으로 사용해 실질적인 하자보수를 하지 못함으로 인해 주택의 장수명화에 역행하는 결과를 미연에 방지"하고자 하는 것이라 한다. 그런데 입주자대표회의 등이 하자보수보증금을 횡령하는 경우에는 당연히 형법상의 횡령죄로 처벌대상이 된다. 구태여 주택법상의 이중규제가 필요없다. 그렇다면 결국 규제의 목적은 변호사 비용의 지출을 막고자 하는 의도가 아닌지 의심스럽다. 사업주체나 시공사, 하자보수보증회사들이 호락호락 입주자대표회의에 하자보수보증금을 지급하지 않고 있는 현실에 비추어볼 때, 입주자들은 불가피하게 하자보수보증금의 지급을 구하는 민사소송을 할 수밖에 없다. 그런데 보증사로부터 지급받는 보증금에서 변호사의 보수를 지급하지 못하게 한다면, 결국 입주자들은 각기 십시일반 돈을 모아 소송을 진행할 수밖에 없다. 입주자들이 어떠한 방식으로 변호사 선임을 할 것인지는 각자의 자유일 뿐 아니라 헌법상 보장된 재판청구권이라는 기본권과도 밀접한 관련을 갖는다. 공동주택

거래 실종, 가격 하락, 부실시공에 따른 하자의 발생 등으로 이중, 삼중의 고통을 겪고 있는 입주자들에게 변호사 비용까지 스스로 마련할 것을 강제하는 규정이 과연 합리적일까? 하자보수보증금 지급청구소송에 필수적인 법원의 하자감정 절차에는 막대한 감정비용이 든다. 인지대, 송달료 등의 비용도 추가로 소요된다. 현재의 시행령(안)에 따르면 이러한 소송비용도 입주자들이 갹출해야 한다. 수백에서 수천 명의 입주자들이 모여 거주하는 공동주택에서 입주자들의 의사를 하나로 모으는 것은 매우 힘겨운 일이다. 더구나 비용을 모으는 일은 더욱 어렵다. 비용을 납부하는 입주자와 비용납부를 거부하는(또는 그 정도 비용의 납부도 어려운) 입주자 사이의 형평성에 따른 갈등 등 부수적인 문제도 필연적이다. 현행 하자심사분쟁조정절차에 따르면 사업주체나 보증회사가 조정을 거부하면 입주자들은 보증금 사용을 위해 불가피하게 소송을 제기해야 한다. 입주자들이 법원감정비 등 소송비용과 변호사 선임비용을 갹출해 소송을 제기하는 것이 현실적으로 거의 불가능하다는 점을 감안하면, 조정 거부가 더 빈발해지지나 않을까? 만약 그렇게 된다면 주택법과 시행령 개정(안)은 입주자의 재산권 보호와 주택의 수명을 늘리는 것을 목적으로 한다고 하지만 오히려 정반대의 결과를 낳게 될지도 모를 일이다.(2012년 8월 29일)

#하자보수보증금 #변호사비용 #민사소송

입주자대표의 손해배상책임

최근 대법원은 적법한 징계절차 없이 관리소장과 경리직원을 부당해고해 입주자대표회의로 하여금 임금과 퇴직금 등을 지급케 하는 손해를 끼친 입주자대표회장에 대해 그 손해의 절반을 배상해야 한다는 판결을 확정했다. 이 아파트 입주자대표회의는 직원관리 소홀 및 입주민들에게 불리한 화재보험계약 체결 등을 이유로 관리소장을, 금전관리 소홀 등을 이유로 경리직원을 각각 해고하기로 의결하고, 당사자들에게 징계 사유나 징계위원회 개최일시를 통보하지 않은 채 해고했다. 법원은 대표회장이 입주민들을 위해 맡은 업무를 성실히 수행해 입주민들에게 손해를 끼치지 않도록 할 선량한 관리자의 주의의무가 있음에도 이를 준수하지 않아 대표회의가 손해배상책임을 부담하게 되는 손해를 입힌 사실을 인정했다. 다만, 손해의 공평부담원칙상 대표회장의 배상액을 손해액의 50%로 제한했다. 얼마

전 부산지방법원에서도 아파트 비용을 횡령해 입주자대표회의에 손해를 끼친 대표회장에게 손해배상책임을 인정한 판결을 선고한 바 있다. 이 아파트 입주자대표회장은 장기수선계획에 포함되지 않은 수목 전지작업을 위해 3,850만 원을 업자에게 송금하는 등, 장기수선충당금을 제한된 용도 이외의 목적으로 사용한 횡령혐의 등으로 약식기소되어 벌금형을 선고받았다.

각 시도의 공동주택 관리규약준칙은 입주자대표회의의 구성원이 선량한 관리자의 주의로 직무를 수행할 의무가 있고, 고의 또는 과실로 인해 입주자 등에게 손해를 끼친 경우 그 손해를 배상할 책임이 있다고 규정하고 있다. 이에 따라 전국 아파트 단지 대부분의 관리규약에서도 같은 의무와 책임을 규율하고 있고, 그에 따른 분쟁이 증가하고 있다. 공동주택 관리규약준칙에 위와 같은 규정이 없다고 하더라도 입주자와 그들의 대표로서 공동주택관리의 중요업무를 의결하는 입주자대표는 위임인과 수임인의 관계에 있고, 민법상 선량한 관리자의 주의로 업무를 처리할 의무(민법 제681조)와 금전을 개인적으로 소비한 때는 거기에 이자를 더해 손해를 배상해야 할 의무(민법 제685조)가 인정된다. 이와 같이 입주자대표의 책임은 행사하는 권한에 비례해 막중하다.

입주자대표와 함께 공동주택관리업무의 양대 축이라 할 수 있는 관리사무소장에게는, 주택법 제55조의 2에서 업무를 집행하면서 고의 또는 과실로 입주자에게 재산상의 손해를 입힌 경우 그 손해를 배상해야 하고 그러한 손해배상책임을 보장하기 위해 공제사업에 가입해야 하는 등의 의무를 부과하고 있다. 반면 같은 의무와 책임이 인정되는 입주자대표에 대해는 주택법령이나 관리규약준칙에서 손해배상책임을 담보하기 위한 아무런 제도적 장치도 두고 있지 않다. 물론 아파트에 따라서는 입주자대표에게 신원보증을 강제하는 장치를 별도로 마련하는 경우도 있으나 이러한 조항들이 없는 아파트의 경우에는 입주자대표의 불법행위로 말미암은 손해의 전보를 오로지 동대표 개인의 경제력에 의존하도록 하는 불합리한 상황이 지속되고 있다. 적어도 공동주택 관리규약준칙에 입주자대표의 신원보증 등에 관한 규정을 신설할 필요성이 있다. 각 공동주택에서도 관리규약에 이러한 조항들이 갖추어져 있는지 세심히 살펴볼 일이다. (2012년 11월 7일)

#관리소 직원 부당해고 #아파트 비용 횡령 #손해배상책임 #입주자대표 신원보증

입주자대표의 해임투표와 선관위의 권한

2010년 7월 6일에 대통령령 제22254호로 주택법 시행령이 대폭 개정되면서 그간 임의기구였던 공동주택 선거관리위원회가 반드시 설치해야 하는 필수기관이 되었다. 선거관리위원회의 상설화는 입주자대표 선출의 공정성과 투명성을 획기적으로 개선시키는 효과를 불러오고 있다. 또한 선거관리위원회는 입주자대표의 사임업무 처리, 해임절차의 처리까지 관장해 입주자대표의 임기 시작과 끝을 모두 공식적으로 확인해주는 권능을 부여받았다. 현행 주택법령과 각 시·도의 공동주택 관리규약준칙에 따르면 입주자대표의 해임은 ① 관리규약이 정한 해임 사유가 발생했을 때, ② 해당 선거구 10분의 1 이상의 입주자 등이나 ③ 입주자대표회의 과반수 찬성 의결로 선거관리위원회에 해임투표절차의 진행을 요청하게 된다. 이때 ④ 선거관리위원회는 해임 사유 및 해임 당사자가 제출한 소명자료를 미리 공개하고 해임투표절차를 진행해, ⑤ 해임에 대해 해당 선거구 입주자의 과반수가 찬성하면 해임을 확정하게 된다. 이와 같이 선거관리위원회는 입주자대표의 해임절차와 관련해 해임투표절차의 진행요청을 받아들일 것인지 아닌지, 해임투표절차가 공정하고 투명하게 진행되고 있는지, 해임투표 결과 해임 찬성이 과반수가 넘어 해임이 확정되었는지 등에 대한 1차적 판단권한을 갖게 되는 것이다.

입주자 등의 10분의 1 이상 또는 입주자대표회의 의결로 해임투표절차를 요구받게 되었을 경우 선거관리위원회는 해당 입주자대표에게 해임 사유가 존재하는지, 해임투표절차 진행요청의 요건(입주자 등 10분의 1 이상에 해당하는지, 입주자대표 과반수의 찬성을 얻었는지 등)을 제대로 갖추었는지 판단하게 된다. 해임투표절차 진행요청의 요건을 갖추었다면 선거관리위원회 주관하에 해임투표를 진행하면 된다. 만약 해임대상 입주자대표가 해임투표 진행에 이의를 제기한다면 당사자가 해임투표절차중지가처분 등의 법적 쟁송을 제기하면 충분하다. 그런데 반대로 선거관리위원회가 해임투표절차 진행요청의 요건을 갖추지 않았다고 판단해 해임투표를 진행하지 않았을 때가 문제이다. 해당 입주자대표의 해임에 찬성하는 입주자는 선거관리위원회가 해임투표를 진행하지 않는 것에 대해 뚜렷한 방책이 없는 것이다.

서울동부지방법원은 최근 이와 관련하여 주목할 만한 가처분결정을 내렸다. 입주자 등 10분의 1 이상이 해임투표를 요구했음에도 선거관리위원회가 해임투표절차를 개시하지 않자 입주자가 입주자대표회의를 상대로 제기한 투표절차진행 등 가처분신청사건에서 서울동부지방법원 제21민사부는 "입주자대표회의는 가처분결정을 송달받은 날부터 30일 이내에 채권자가 발의한 동대표 해임을 위한 투표절차를 실시하라"는 결정을 내린 것이다. 이와 같은 법원의 가처분결정에 따른 해임투표절차 진행을 거부할 경우 법원은 지체일수 당 얼마라는 식의 간접강제결정을 내릴 수 있고, 채권자는 이를 근거로 입주자대표회의를 상대로 바로 강제집행절차를 밟을 수 있으므로 해임투표를 진행하지 않을 도리가 없다. 이로써 입주자 등이 요청한 해임투표를 선거관리위원회가 거부할 경우 입주자가 소송을 통해 이를 번복시킬 방안이 확보된 것이다. 다만 입주자들이 유의할 것은 선관위는 입주자대표회의의 산하기관에 불과하므로 소송 당사자가 될 수 없고, 선관위 결정의 무효 확인 등은 입주자대표회의를 당사자로 해야 한다는 것이 서울고등법원을 비롯한 법원의 일관된 입장이므로 해임투표절차진행가처분신청도 입주자대표회의를 상대방으로 해야 한다는 점이다. (2012년 12월 12일)

#공동주택 선거관리위원회 #입주자대표 해임

층간소음, 바꿔 살아볼까요?

아파트가 다시금 층간소음 문제로 몸살을 앓고 있다. 최근 한 아파트에서는 층간소음으로 인한 다툼 끝에 두 사람이 살해되는 사건이 발생했고, 아파트는 아니지만 다가구주택에서 방화사건이 발생해 일가족 6명이 화상을 입은 일도 있었다. 이러한 충격적인 사건이 아니더라도 층간소음으로 인한 민원과 이웃 간 갈등은 매우 빈번하고 지속적이어서, 당사자들뿐 아니라 입주자대표회의나 관리주체도 골머리를 앓고 있는 실정이다. 필자도 아파트에 거주하고 아이들을 키우는 입장이다 보니 이사를 다닐 때마다 여간 신경이 쓰이는 게 아니다. 또한 변호사로서 층간소음에 대한 상담을 많이 받아왔지만 뾰족한 수가 없어 늘 애를 먹는다.

국토해양부는 층간소음에 대해 바닥두께 기준(벽식 210mm, 무량판 180mm, 기둥식 150mm)과 바닥충격음 기준(경량충격음 58dB, 중량충격음 50dB

이하)을 동시에 만족하도록 시공해야 한다는 내용을 담아 층간소음 대책을 강화한 주택건설기준 등에 관한 규정의 개정을 추진 중이다. 또한 국토부 장관과 환경부 장관이 공동으로 공동주택의 주거생활 소음기준을 정해 고시하도록 하고, 이러한 기준을 공동주택관리 분쟁조정위원회나 환경분쟁조정위원회의 층간소음 분쟁조정의 기준으로 활용하도록 하는 주택법 개정안도 준비 중이다. 하지만 이런 대책으로 과연 층간소음 문제가 상당부분 해소될 수 있을지는 의문이다.

필자가 층간소음 문제로 상담을 했던 사례 중 한 번은, 다소 기상천외한 방법으로 문제를 해결했다. 관리사무소장님이 층간소음의 민원에 시달리다 필자에게 상담을 요청한 것인데, 윗집은 한참 뛰어놀 아이들이 있는 집이었고, 아랫집은 노부부가 생활하고 있었다. 은퇴생활을 즐기고 계셨던 노부부는 어느 날 퉁탕거리며 뛰노는 게 일과인 꼬맹이들이 있는 집이 위층으로 이사를 오면서 일상의 안온함을 잃어버렸다. 윗집은 윗집대로 노부부의 항의와 민원에 서운함만 쌓여갔다. 그러다 결국 아래윗집의 갈등으로 생긴 심각한 감정의 골이 관리사무소조차 대충 넘어가지 못할 정도로 깊어져버렸다. 이에 필자는 명료한 해결책이 없는 가운데 가볍게 "서로 집을 바꾸어 살아보라고 하세요"라고 조언했고, 관리사무소장님의 설득을 통해 두 집은 실제 아래윗집을 바꾸어 생활하게 되었다. 그러자 층간소음 문제가 쑥 들어가게 된 것이다. 항상 층간소음에 항의하던 노부부는 윗집에 살면서 소음 발생에 더욱 신경 쓰게 되었고, 아랫집 부부는 이사를 마다하지 않은 노부부에게 고마운 마음을 가지게 되면서 감정의 앙금을 털어냈다.

결국 층간소음의 문제는 함께 살아가는 공동체로서의 마음가짐과 서로에 대한 배려가 근본적인 해결책이 아닌가 싶다. 이러한 점에서 대구시와 경기도 하남시의 아파트가 소음발생 유발행위를 일정시간대에는 자제하기로 하는 등 층간소음 문제를 이웃에 대한 배려 차원의 생활문화운동으로 접근하고 있다는 소식은 매우 신선하게 다가왔다. 층간소음은 누구든 가해자이면서 피해자가 될 수 있다. 서로의 입장이 바뀔 수 있다는 점만 충분히 이해가 된다면 양보와 배려의 문화가 자리 잡을 수 있다. 법과 제도의 잣대로 명확히 해결될 수 없는 층간소음 문제를 해소시켜 나갈 힘은 우리 스스로에게 충분히 있다.(2013년 3월 6일)

#층간소음 #주택건설기준 #공동주택의 주거생활 소음기준

지자체장의 감독권한과 선거관리위원회

　주택법 제59조 제1항에 따르면 지방자치단체의 장은 입주자대표회의, 관리주체 또는 공동주택의 관리사무소장 등에게 업무에 관한 사항을 보고하게 하거나 자료의 제출이나 그 밖에 필요한 명령을 할 수 있고, 같은 법 제101조 제2항 제16호에서는 주택법 제59조 제1항에 따른 보고 또는 자료제출 등의 명령을 위반한 자에 대해 과태료를 부과할 수 있다고 규정하고 있다. 그렇다면 주택법 시행령에 따라 공동주택에 반드시 구성해야 하는 선거관리위원회의 선거관리업무 등과 관련해서도 지방자치단체장이 업무에 관한 사항의 보고와 기타 필요한 명령을 할 수 있을까?

　이에 대해 법제처는 "법 문언상 주택법 제59조 제1항에서는 지자체의 장이 명령을 할 수 있는 대상자를 '입주자대표회의', '관리주체' 또는 '공동주택의 관리사무소장 등'이라고 규정해 '선관위'를 명시하지 않고 있고, 선거관리위원회는 입주자대표회의의 회장·감사·동별 대표자를 선출하고 관리규약에서 위임한 사항에 한해 업무를 집행할 권한을 가진 회의체기관으로서 입주자대표회의의 산하기관에 불과할 뿐 그 자체가 법인이 아님은 물론 법인 아닌 사단이나 재단도 아니므로 소송 당사자가 될 수 없는 점(대법원 1992. 5. 12. 선고 91다37683 판결, 서울고등법원 2012. 2. 2. 선고 2011나53630 판결 참조, 입주자대표회의는 법인 아닌 사단이다), 주택법 제59조 제1항의 명령은 과태료 부과의 전제요건이 되는 점, 질서위반행위규제법 제2조 제3호 및 제20조 제1항에 따르면 질서위반행위를 한 당사자를 자연인 또는 법인(법인이 아닌 사단 또는 재단으로서 대표자 또는 관리인이 있는 것을 포함함)으로 전제하고 있으므로 선거관리위원회는 독립된 '법인 아닌 사단'으로서의 실체를 갖지 않는 이상 과태료를 부과할 수 없는 점 등을 종합해볼 때, 입주자대표회의의 산하기관에 불과한 선거관리위원회는 주택법 제59조 제1항에 따른 명령의 '대상적격'이 없다"고 판단했다.

이러한 법제처의 판단은 여러 선거 관련 분쟁에서 선거관리위원회는 당사자가 될 수 없고, 입주자대표회의를 당사자로 해야 한다는 법원의 판례에도 부합하는 것으로 매우 타당하다. 더불어 주택법 제91조는 "국토해양부 장관 또는 지방자치단체의 장은 사업주체 및 공동주택의 입주자·사용자·관리주체·입주자대표회의 또는 리모델링주택조합이 이 법 또는 이 법에 따른 명령이나 처분을 위반한 경우에는 공사의 중지, 원상복구 또는 그 밖에 필요한 조치를 명할 수 있다"고 규정하고, 같은 법 제98조 제12호는 "제91조에 따른 공사중지 등의 명령을 위반한 자"에 대해서는 1년 이하의 징역 또는 1천만 원 이하의 벌금이라는 형사처벌 규정을 두고 있다. 이 조항 또한 같은 취지에서 선거관리위원회는 대상적격이 없다고 보아야 할 것이다. 따라서 지방자치단체의 장은 선거관리업무와 관련된 감독권한의 발동이 필요할 때는 입주자대표회의를 상대로 해야 한다. 그런데 최초 입주자대표회의 구성을 위한 선거관리업무에 문제가 있다고 판단될 때 지방자치단체의 장은 누구에게 감독권한을 발령해야 할까?(2013년 4월 3일)

#지자체장의 시정명령 #대상적격

> 문제가 된 주택법 제59조 제1항은 2013. 12. 24. 법률 제12115호로 개정되어 지방자치단체의 장이 시정명령을 할 대상에 "입주자대표회의 구성을 위한 선거를 관리하는 기구나 그 구성원"을 추가해 입법적으로 해결됐다.

'스마트아파트'와 열린 이웃공동체

'스마트'는 사전적으로 '멋진', '세련된', '똑똑한'이란 의미를 갖는다. 인터넷이 발달한 최근에는 '인공지능', '다기능'의 의미로 더 많이 쓰이고 있다. 스마트카드, 스마트단말기, 스마트폰과 TV에 이어 스마트카메라와 자동차, 이제는 스마트사무공간과 스마트홈 환경이란 용어까지 등장했다.

스마트의 물결은 공동주택도 비껴가지 않는다. 전용부분에서 버튼 한 번으로 일괄소등, 엘리베이터 콜, 보안기능 작동, 가스 및 보일러 차단, 자동온도조절시스템 조작, 주차장과 어린이놀이터와 엘리베이터 내부 등의 CCTV 중계, 출입카드 인식시스템 등 과거에는 상상조차 할 수 없었던 환상들이 스마트한 아파트에서 점차 현실화되어 가고 있다. 최근에는 입주자의 스마트폰과 공동주택 스마트홈 네트워크 환경을 연동시키는 서비스도 상용화되고 있다. 외출 시 이상상황을 스마트폰의 알람 메시지로 전송해주거나 스마트폰으로 집안에 설치된 IP카메라 영상을 확인해주는 서비스, 여성이나 아동, 노약자 등 보호대상자의 이동경로를 확인해주는 서비스, 집 안의 조명, 전력, 가스 등을 스마트폰으로 원격조정하는 서비스 등이 그것이다.

이러한 아파트의 스마트한 진화는 전용부분의 편리함을 추구하는 데 그치지 않는다. 아파트 전 세대의 가스, 수도, 전기사용량을 일일이 방문하지 않고도 디지털 방식으로 중앙통제실에서 확인하는 원격검침시스템, 아파트의 모든 승강기 운행상황을 실시간으로 확인해 승강기 고장여부, 운행상태, 탑승인원과 상황 등을 살펴볼 수 있는 승강기모니터링시스템, 차량 진출입 차단과 주차장 조명조절, 불법주정차 차량의 단속 등 차량제어시스템, 무선센서를 이용한 시설물 상시 안전감시시스템이 등장하는 등, 공용부분 관리에서도 스마트함은 나날이 진화해가고 있다.

하지만 시설관리 부분에 비해 입주자대표회의 운영, 커뮤니티 활성화와 관련된 스마트화는 매우 더뎌 보인다. 컴퓨터나 스마트폰을 이용한 입주자대표 선출의 인터넷 투표는 이제 걸음마 단계에 있고, 입주자대표회의나 행사에 대한 실시간 방송 및 VOD서비스도 아직은 낯설기만 하다. 관리 전반에 입주자들의 참여를 촉진시키고 각종 커뮤니티를 활성화시킬 수 있는 스마트방송국도 매우 희귀한 실정이다. 스마트한 아파트는 개별 입주자들의 생활상의 편리성만을 추구하거나 시설관리의 효율성을 극대화하는 데 그치지 않는다. 벽으로

가로막힌 이웃공동체를 가상공간에서 회복해냄으로써 공동주택마다의 색깔을 찾고 공동체의식을 만들어가는 것이 진정한 스마트아파트의 과제이다.

스마트아파트의 홈네트워크 시스템 또한 결국은 사람이 관리하고 유지·보수해야 하는 기계장치에 불과하다. 스마트시스템이 잦은 장애를 일으키고, 이에 신속히 대응할 수 있는 체계와 노하우가 없다면 심각한 재앙이 초래될 수 있다. 이러한 점에서 계속 스마트한 아파트를 유지하기 위해 반드시 필요한 것이 입주자대표회의 운영, 커뮤니티 활성화를 위한 스마트화라는 점을 잊어서는 안 된다.(2013년 8월 7일)

#스마트아파트 #커뮤니티 활성화

세입자의 입주자대표회의 참여

　서울시가 발표한 '아파트관리 혁신방안'에는 입주자대표회의 전체 구성원의 일정비율 범위 내에서 세입자에게도 피선거권을 부여해 관리비 부과 및 지출에 관한 의결과정에 참여할 수 있도록 하는 방안이 포함되어 있다. 2010년 시·도별 아파트 사용자 비율 현황에 따르면 아파트 사용자가 전국 평균 36.57%, 서울의 경우 41.8%나 되고, 앞으로도 이 비율은 점차 높아질 것으로 예상된다. 그런데도 정작 세입자들에게도 영향을 미치는 관리비의 결정이나 관리방법의 선택 등 공동주택관리에 관한 입주자대표회의 의결에는 세입자들이 참여할 수 없는 불합리한 측면이 있으므로 이러한 통로를 마련하겠다는 취지이다. 하지만 자치단체 차원의 혁신방안은 많은 한계가 있고(시·도 시자가 작성한 공동주택 관리규약준칙은 법규성이 없다), 상위법령과 충돌하는 것은 아닌지 논란이 발생한다. 주택법상 입주자대표회의는 입주자들로 구성하게 되어 있고, 입주자란 주택의 소유자 또는 그 소유자를 대리하는 배우자 및 직계존비속에 한하기 때문이다(주택법 제2조 제12호 다목, 제43조 제3항).

때문에 이런 자치단체의 노력을 뒷받침하려는 입법이 추진되고 있다. 최근 국회의원들이 발의한 주택법 개정안을 살펴보면 입주자대표회의 구성원으로 사용자대표도 선출할 수 있도록 했다. 동별 대표자에 대한 사용자대표의 비율은 입주자대표회의 구성원 선출공고 당시 입주민 중 사용자가 차지하는 비율을 초과할 수 없도록 제한하고 있으나 전체 입주자대표회의 구성원 중 적어도 30~40%가 사용자대표로 구성될 수 있게 된 것이다. 사용자의 권익을 보호하면서도 사용자의 의결권 또한 적절하게 제한함으로써 이들이 소유자 고유의 권리를 침해하는 행위를 하지 못하도록 해 입주자와 사용자 간의 균형을 이룰 수 있는 방안도 제시했다. 즉, 사용자대표와 동별 대표로 구성된 입주자대표회의가 의결할 수 있는 사항으로 관리방법의 제안, 자치관리기구 직원의 임면에 관한 사항, 공동주택 관리규약 개정안의 제안, 관리비·사용료 등의 결산 승인, 관리비·사용료 등의 회계감사 요구 및 회계감사보고서의 승인 등을 규정하고, 사용자대표를 제외한 동별 대표자들만이 의결할 수 있는 사안으로 용도변경 등 행위신고 또는 허가신청 제안, 리모델링 제안과 시행, 장기수선계획에 따른 공용부분의 보수·교체와 개량, 장기수선계획 및 안전관리계획의 수립과 조정 등을 들고 있다.

하지만 사용자대표가 입주자대표회의 구성원으로 반드시 참여해야 하는지는 의문이다. 현행 주택법령 및 관리규약으로도 사용자들은 자신들의 입주자대표를 선출하거나 해임할 권리가 있기 때문에 입주자대표는 입주자들만의 대표는 아니다. 사용자들도 관리규약의 개정이나 관리업체의 변경 등 공동주택관리의 중요 사항에 동의 여부를 결정할 권한이 있고, 관리현황을 열람하거나 정보공개를 요구할 수 있는 등 여러 참여 방안이 이미 마련되어 있다.

때문에 오히려 사용자를 입주자대표회의 구성원에 포함시킴으로써 발생될 혼란과 불안정이 더욱 우려된다. 사용자는 입주자에 비해 공동주택관리에 대한 관심과 애착이 덜하기 마련이고, 거주 기간도 입주자의 소유 기간보다 짧은 것이 통례이다. 불순한 의도와 목적으로 공동주택에 이사 와서 사용자대표가 된 후 입주자대표회의 의결사항에 관여하는 일이 빈발하지는 않을까 우려되기도 한다. 실무적으로도 회의에 상정되는 여러 안건을 각각 구분해 정족수를 산정하고 가결 여부를 결정하는 절차의 복잡성도 문제이다. 졸속적으로 추진할 문제가 아니다. 실제로 임대 분양 혼합단지의 공동주택대표회의 운영은 대부분 파행에 파행을 거듭하고 있는 것이 현실이다. 이런 문제부터 해소해야 세입자의 입주자대표회의 참여를 반길 수 있지 않을까?(2013년 9월 4일)

#사용자대표 #입주자대표회의

입주자대표 후보자의 범죄경력 공개

　주택법 시행령 제50조 제4항에 따르면 "금고 이상의 실형선고를 받고 그 집행이 끝나거나(집행이 끝난 것으로 보는 경우를 포함한다) 집행이 면제된 날로부터 5년이 지나지 아니한 사람", "금고 이상의 형의 집행유예선고를 받고 그 유예기간 중에 있는 사람", "공동주택관리와 관련해 벌금 100만 원 이상의 형을 선고받은 후 5년이 지나지 아니한 사람"은 동별 대표자가 될 수 없다.

　입주자들의 재산권을 보호하고 투명하고 공정한 공동주택관리를 정착시키기 위한 이 같은 동별 대표자의 결격 사유 규정은 입주자의 동대표자 피선출권에 대한 합리적 제한이라고 판단된다. 이와 같은 결격 사유가 있는 입주자가 설혹 동별 대표자가 되었더라도 사후에 결격 사유가 드러나면 그 자격을 당연히 상실하게 된다. 이러한 주택법령의 동별 대표자 결격 사유 규정에 따라 입주자대표 선거를 관리하는 선거관리위원회에서는 관리규약 및 선거관리규정에 근거해 입후보 등록 시 입후보 예정자로부터 결격 사유에 해당하는 범죄경력이 없다는 내용을 담은 확인서를 함께 받고 있다. 여기에 더해 범죄경력과 관련한 결격 사유의 확인을 위해 대상자 본인의 위임장(동의서)을 제출받아 관할 경찰서에 범죄경력 조회를 하기도 한다.

문제는 선관위가 입후보등록을 신청한 동별 대표자 후보의 범죄경력을 입주민들에게 공개할 수 있는가이다. 이러한 상황은 입후보 등록을 신청한 입주자에게 결격 사유에는 해당하지 않지만 다른 범죄경력이 존재하는 경우와 결격 사유에 해당하는 범죄경력이 존재하는 경우 모두 문제된다. 우선 결격 사유에 해당하지 않는 다른 범죄경력이 존재하는 경우에는 선거관리위원회가 입후보 등록을 거부할 수 없을 뿐 아니라 선거와 무관한 사항이므로 공개해서는 안 될 것이다. 만약 이를 공개할 경우에는 결격 사유에 해당하지 않음에도 선거권자에게 해당 입후보자에 대한 부정적 선입견을 불러일으킬 수 있고, 선거결과에 영향을 미칠 수 있으므로 해당 선거의 유무효에 관한 분쟁까지 야기할 수 있다. 설혹 범죄경력이 동별 대표자 결격 사유에 해당한다고 하더라도 선거관리위원회에서는 이를 근거로 입후보 등록을 거부할 수는 있을지언정 범죄경력까지 공개할 이유는 없다. 주택법 시행령 제55조 제3항 제1호는 관리주체에게 "개인의 사생활의 비밀 또는 자유를 침해할 우려가 있는 정보"의 공개를 제한하도록 규정하고 있으므로 이는 선거관리업무와 관련해서도 참고가 될 수 있다. 동별 대표자 결격 사유인 범죄경력으로 입후보등록을 반려했다면 이는 입후보자와 선거관리위원회 및 입주자대표회의 사이의 문제이므로 입후보자가 이의를 제기할 경우 당사자들끼리 민사소송 등으로 다투면 족한 것이다. 어느 경우라도 입후보자의 범죄경력을 입주자에게 공개하게 되면 해당 선거관리위원회는 명예훼손의 형사책임으로부터 자유로울 수 없다. 우리 형법은 진실한 사실일지라도 명예를 훼손할 수 있는 사실을 공개적으로 적시할 경우에는 명예훼손죄의 형사책임을 인정하고 있기 때문이다(형법 제307조 제1항).

어느 아파트에서는 선거관리위원회가 동별 대표자 입후보를 받으면서 본인의 범죄경력을 입주자들에게 공개하는 데 대한 동의서를 받았다. 동의서를 제출한 후보에 대해서는 범죄경력을 공개했고, 동의서를 제출하지 않은 후보에 대해는 해당 후보자가 동의하지 않아 범죄경력을 공개하지 못한다는 내용을 입주자들에게 고지했다. 이는 정보주체의 동의를 득한 경우 해당 개인의 정보를 수집·이용 및 제공할 수 있다는 개인정보보호법의 관련 규정(동법 제15조 제1항 제1호, 제17조 제1항 제1호, 제18조 제2항 제1호 등)을 참고한 것이다. 하지만 동법에 의하더라도 당사자에게 동의를 거부할 권리가 있다는 사실과 동의 거부에 따른 불이익이 있는 경우에는 그 불이익의 내용 등을 사전에 고지해야만 동의가 유효하다(동법 제18조 제3항 제1 내지 5호). 따라서 범죄경력이 공개된 후보자는 동의를 거부할 권리가 있다는 사실을 고지 받지 못했다는 등의 주장을 하며 법적 대응에 나설 수 있으므로 굳이 번거로운 동의절차까지 밟아 범죄경력을 입주자들에게 공개할 실익은 크지 않다고 할 수 있다. 사안이 이러하니 선거관리위원회 및 관리주체는 선거관리의 필요로 입수한 동별 대표 입후보자들의 범죄경력 관련 자료가 유출되지 않도록 각별히 관심을 쏟아야 할 것이다.(2013년 10월 9일)

#동별 대표자의 결격 사유 #범죄경력 공개

거주지 변경과 입주자대표의 자격상실 여부

　주택법 시행령 제50조 제3항은 "동별 대표자는 동별 대표자 선출 공고일 현재 당해 공동주택 단지 안에서 주민등록을 마친 후 계속해서 6개월 이상 거주하고 있는 입주자" 중에서 선출하도록 규정하고 있다. 따라서 동별 대표자는 ① 공동주택을 소유한 입주자여야 하고, 공동주택 단지 안에서 ② 주민등록을 마쳐야 하며, ③ 6개월 이상 거주해야 한다.

　그런데 A동에 주민등록을 마치고 6개월 이상 거주하고 있던 입주자가 동별 대표자 선출공고일 직전에 다른 선거구인 B동으로 이사했다면 B동의 동별 대표자로 출마할 수 있을까? 이 문제는 주민등록 및 6개월 이상 거주의 요건을 출마하려는 해당 선거구(동)에서 반드시 갖추어야 하는 것인지, 아니면 공동주택 단지 전체를 기준으로 판단해야 하는지에 관한 것이다. 위 시행령에서 명시하고 있는 것처럼 주민등록 및 6개월 이상 거주의 요건은 공동주택 단지를 기준으로 판단하도록 하고 있기 때문에 법제처의 유권해석과 인천지방법원의 판결에서는 해당 경우에도 B동 동대표의 출마가 가능하다고 판단했다.

만약 B동 동대표로 출마해 당선된 입주자가 임기 중 (B동의 소유권은 계속 보유한 채 다른 선거구인) C동으로 이사한 경우라면 동별 대표자의 자격에는 어떠한 영향을 미칠까? 국토해양부는 같은 선거구(동)로 이사한 경우라면 동별 대표자의 자격을 유지하지만 다른 선거구(동)로 이사한 경우라면 동별 대표자의 자격을 상실한다고 회신하고 있다. 동별 대표자가 하나의 선거구 내에 속해 있는 입주자 등의 의사를 입주자대표회의에 반영하는 통로라는 점을 감안한 것이다. 만약 다른 선거구(동)로 이사를 한 경우에도 동별 대표자의 자격을 유지한다고 하면 해당 사안의 경우 B동에는 동별 대표자가 거주하지 않게 되는 반면 C동에는 두 명의 동별 대표자(원래 C동의 동별 대표자로 선출된 입주자와 B동의 동별 대표자로 선출된 후 C동으로 이사 온 입주자)가 거주하게 되어 형평에 반하는 상황이 발생하는 것도 염두에 둔 것으로 보인다.

그런데 최근 이와는 상반된 법원의 판결이 나왔다. 수원지방법원 성남지원은 동대표 및 감사 직무집행정지가처분신청사건에서 주택법 시행령 제50조 제3항은 동대표 선거 입후보 자격을 규정하고 있는데 이는 동대표 선출공고 당시를 기준으로 후보자 자격을 규정한 것일 뿐이라고 했다. 동대표가 아파트 소유자의 지위를 계속 유지하고 있는 이상 동대표로 선출된 다음 계속 해당 동에 거주해야 하는 것으로 해석할 수는 없으므로 동대표 당선 후 자기 소유 아파트를 임대하고 실제 거주하지 않았더라도 동대표의 자격은 유지된다는 것이다.

이와 같은 법원의 판결은 주택법 시행령의 문구를 문리적으로만 해석한 결과로 보인다. 하지만 하나의 선거구(동)를 대표하는 동별 대표자를 해당 동에 거주하는 입주자 중에서 선출하게 하고 이들로 하여금 입주자대표회의를 구성하게 한 주택법령의 취지를 종합적으로 고려하면 주택법 제50조 제3항은 동별 대표자의 출마자격뿐만 아니라 자격의 유지에 관한 요건으로도 해석함이 타당하다.

즉 주택법 시행령 제50조 제3항의 "동별 대표자 선출공고일 현재"라는 문구는 "6개월 이상"이라는 거주계속 기간의 판단시점을 명시한 것뿐이고, ① 입주자일 것, ② 주민등록이 되어 있을 것, ③ 거주할 것이라는 세 가지 요건은 동별 대표자의 출마자격이자 자격유지 요건이라고 보아야 한다는 것이다.

만약 위 법원 판결대로 일관한다면 일단 동대표로 선출된 후 (소유권만 유지하고 있다면) 다른 지방으로 이사한 경우까지도 동대표 자격을 계속 보유한다는 것인데, 이러한 동대표가 그 업무를 원활히 수행할 수 있을 것인지, 공동주택 단지의 실정과 현황을 올바로 파악하고 의결할 수 있을 것인지는 매우 의문이다. 비록 하급심의 판단일 뿐이지만 법령의 해석과 관련한 주무관서의 지침과 법원의 판결이 상치

되어 혼란이 발생할 수 있다면 각 아파트의 관리규약에서 이를 명확히 해두는 것도 좋은 방법일 것이다.(2013년 11월 6일)

#동별 대표자 출마자격 #6개월 이상 거주 요건 #선거구

개인정보보호도 입주자대표회의의 의무다

　개인정보보호법상 업무를 목적으로 개인정보를 처리하는 공공기관, 법인, 단체 및 개인 등을 개인정보처리자라 한다. 그리고 정보주체의 동의 없이 개인정보를 제3자에게 제공하거나 업무상 알게 된 개인정보를 누설하거나 권한 없이 다른 사람이 이용하도록 제공한 개인정보처리자는 5년 이하의 징역 또는 5천만 원 이하의 벌금에 처하도록 규정되어 있다. 개인정보처리자로부터 개인정보를 제공받은 자, 영리 또는 부정한 목적으로 개인정보를 제공받은 자에 대해서도 같은 처벌이 이루어진다. 즉, 개인정보처리자는 정보주체의 동의를 얻거나 법률의 특별한 규정 또는 법령상 의무를 준수하기 위해 불가피한 경우 등에만 개인정보를 수집하거나 그 목적의 범위 내에서만 이용할 수 있고, 이를 위반할 경우 중한 형사처벌을 면하지 못하는 것이다.

최근 공동주택관리와 관련해 개인정보보호법 위반으로 형사처벌을 받는 사례가 늘고 있다. 얼마 전 입주자의 성명, 주민등록번호 등 개인정보가 기재돼 있는 '입주자대표회의 회장 보궐선거 무효확인 사건'에 대한 항소장을 단지 내 엘리베이터에 게시하게 한 입주자대표 3명에게 벌금형이 선고되었다. 또한 동대표 후보자의 주민등록번호 등이 기재된 위임장 사본을 주고받은 혐의로 관리소장 및 동대표들이 벌금형을 선고받은 사례도 있다. 3개 단지 관리소장들이 지방보궐선거 입후보자에게 입주자들의 개인정보를 이메일로 제공해 거액의 벌금형을 선고받은 사건은 매우 충격적인 개인정보누설 사례이다. 공공기관에만 적용되던 개인정보 침해금지 및 형사처벌이 개인정보보호법의 제정과 시행으로 민간에게까지 폭넓게 확대되었으나, 아직까지도 공동주택관리 현장의 개인정보보호에 관한 의식은 매우 일천한 실정이고, 그로 인한 법규 위반자에 대한 단속과 처벌도 계속 증가하고 있다.

공동주택관리의 집행업무를 담당하고 있는 관리주체와 관리사무소장이 개인정보보호법상의 개인정보처리자에 해당한다는 점에 대해서는 큰 의문이 없다. 따라서 관리주체 및 관리사무소장은 주택법 시행령 제56조에 따라 입주자대표회의의 소집 및 그 회의에서 의결한 사항, 관리비 등의 부과내역, 동별 대표자의 선출 및 입주자대표회의의 구성원에 관한 사항 등을 입주자 등에게 공개할 의무가 있는 반면, 같은 조항 단서에 따라 입주자 등의 사생활 침해 우려가 있는 부분은 공개하면 안 된다는 점을 항상 유의해야 한다.

그렇다면 입주자대표회의나 그 구성원인 입주자대표는 개인정보보호법상의 개인정보처리자에 해당하는가? 이에 대해 부산지방법원 동부지원은 "입주자대표회의가 아파트 관리업무를 위탁한 경우 개인정보처리자에는 관리회사뿐만 아니라 입주자대표회의도 포함"된다는 전제에서 입주자대표가 관리소장으로부터 차량출입카드 발급대장을 교부받은 것은 개인정보처리자인 관리소장으로부터 제3자로서 개인정보를 제공받은 것으로 볼 수 없다고 판단했다. 반면 그 항소심인 부산지방법원 형사항소부는, 입주자대표회의는 공동주택의 관리주체가 아니라 관리방법을 결정하는 의결기구에 불과하므로 개인정보처리자가 아니다. 따라서 차량출입카드 발급대장을 전달받은 것은 개인정보보호법 위반에 해당한다는 정반대의 결론을 내렸다.

공동주택관리방법을 의결해야 하는 입주자대표회의는 관리비 및 사용료 등의 결정과 그 징수방법 등을 논의하기 위해 관리주체에게 입주자 등의 개인정보가 포함된 자료의 제출을 수시로 요구할 수밖에 없다. 그럼에도 입주자대표회의가 개인정보처리자가 아닌 제3자라고 한다면 관리주체나 관리사무소장은 개인정보보호법상의 개인정보 제공사유에 해당하는지를 건별로 판단해 제공 여부를 결정해야 한다. 이는 공동주택관리를 위한 입주자대표회의와 관리주체 간의 긴밀한 업무협조관계에 커다란 장애일 뿐만 아니라 자칫하면 관리주체가 입주자대표회의에 대한 선별적 업무거부를 정당화할 구실로 삼을 소지도 있다.

입주자대표회의나 입주자대표들을 개인정보처리자로 해석하더라도 큰 문제는 없다. 왜냐하면 입주자대표회의가 자기 업무상의 필요에 의한 부분을 넘어서 입주자 개인정보를 제3자에게 누설하는 경우 역시 개인정보보호법상 형사처벌의 대상이 되기 때문이다. 입주자대표회의나 입주자대표를 개인정보처리자로 볼 것인가 여부는 관리주체나 관리사무소장이 입주자대표회의나 입주자대표에게 입주자 개인정보가 포함된 자료를 선별적으로 제공해야 하는지, 아니면 당연히 제공해야 하는지를 구분하는 판단기준이 될 뿐이다. 그렇다면 입주자들이 선출하고 개인정보처리자인 관리주체를 선정하는 입주자대표 및 입주자대표회의를 개인정보처리자로 해석하는 것이 더욱 정당성이 있다 할 것이다.(2014년 1월 1일)

#개인정보보호 #입주자대표회의 #개인정보처리자

보궐선거와 입주자대표의 중임제한

　2010년 7월 6일자 대통령령 제22254호로 일부 개정된 주택법 시행령 제50조 제7항(현행 주택법 시행령 제50조 제8항)은 "동별 대표자의 임기는 2년으로 하되, 한 차례만 중임할 수 있다"고 해 중임제한 규정을 신설했고, 부칙 제2조 제2항은 "제50조 제7항의 개정규정은 이 영 시행 후 최초로 선출되는 동별 대표자부터 적용한다"고 적용 시기를 명기했다. 동별 대표자의 중임을 제한하는 규정의 취지는 공동주택관리 관련 업무수행의 경직, 입주자 상호간의 분열과 반목 등 동별 대표자의 중임으로 인한 폐해를 방지하기 위함이라고 한다.

　이러한 중임제한 규정의 해석을 두고 그간 여러 문제가 있었다. 이에 대해 법제처가 관련 유권해석을 내렸는데, 우선 개정 주택법 시행령 이전에 이미 관리규약에서 중임제한규정이 존재해왔다 하더라도 개정 주택법 시행령 이후의 중임제한은 과거의 동별 대표자 중임

여부와는 무관하게 별도로 산정해야 한다고 한 사례가 있다. 개정 주택법 시행령이 시행되기 전에 선출된 동별 대표자의 잔여임기를 개정 주택법 시행령이 시행된 후에 실시된 보궐선거에서 선출된 동별 대표자가 수행한 경우 보궐선거로 선출된 동별 대표자의 임기도 주택법 시행령 제50조 제8항에 따른 중임 제한 임기에 포함해야 한다는 해석도 있었다. 개정 주택법 시행령 부칙 제2조 제2항의 "이 영 시행 후 최초로 선출되는 동별 대표자"에서 선출의 시기를 (동대표 선출공고일, 당선일, 임기개시일 중) 언제로 보아야 하는지에 관해 법제처는 선출되는 동별 대표자들 간의 형평성을 맞추기 위해 임기개시일로 보아야 한다고도 했다.

최근에는 중임제한과 관련한 서울시 공동주택 관리규약준칙 규정을 둘러싼 논란이 있었다. 2013년 3월 9일자로 개정된 서울시 공동주택 관리규약준칙 제21조 제1항은 "동별 대표자의 사퇴 또는 해임 등으로 결원이 생겼을 때에는 결원이 생긴 날부터 60일 이내에 다시 선출하고, 그 임기는 전임자의 남은 기간으로 한다. 다만 남은 임기가 180일 미만인 경우에는 선출하지 아니할 수 있고, 선출한 경우 임기에 산정하지 아니한다"고 규정하고 있다. 결원이 생긴 동별 대표자의 남은 임기가 180일 미만인 경우에는 보궐선거를 하지 않을 수 있으나 보궐선거를 통해 당선된 동별 대표자의 경우에는 중임제한이 적용되지 않는다는 취지이다.

서울시 공동주택 관리규약준칙은 거의 그대로 서울시 소재 공동주택의 관리규약으로 채용되는 것이 현실이므로, 개정 준칙에 따른 규약 개정을 마친 공동주택의 관리규약 내용도 모두 동일할 것이다. 그런데 이 규정과 관련해 국토해양부에서는 "주택법 시행령의 중임 제한 규정은 보궐선거, 재선거의 구분 없이 모든 동별 대표자의 임기에 적용되는 것이므로 보궐선거에 의해 선출된 동별 대표자의 임기가 180일 미만인 경우는 임기의 횟수에 산정하지 않는다고 관리규약으로 정하는 것은 타당하지 않다"는 질의회신을 내놓았다.

국토해양부의 입장대로라면 서울시 소재 공동주택에서 관리규약을 개정할 경우 서울시 공동주택 관리규약준칙 제21조 제1항 단서의 문제부분을 자체적으로 삭제해야 한다. 경기도, 인천시, 경상남도, 대구시 등 여러 자치단체의 관리규약준칙에는 문제되는 조항이 없는데 서울시만 유독 문제조항을 신설해 혼란을 자초하고 있다. 주택법 시행령 제50조 제8항의 중임제한 조항에는 아무런 예외도 두고 있지 않은데, 서울시가 180일이라는 자체적인 기준으로 중임제한의 예외를 설정한 것은 형평성의 문제도 야기할 수 있다.

서울시 관리규약준칙은 법규성이 없는 하나의 예시에 불과하므로 공동주택관리규약을 서울시 준칙에 맞추어 개정하게 되면 상위법령에 반하는 조항을 두게 될 뿐 아니라 보궐선거로 선출된 동대표가 다시 출마하고자 할 경우 입후보자격을 둘러싼 법적 분쟁을 야기할 수 있다. 서울시의 관리규약준칙 개정이 시급해 보인다.(2014년 1월 29일)

#동별 대표자 중임제한 #보궐선거 당선자 임기 #관리규약준칙

2015년 2월 9일자로 개정된 서울특별시 공동주택 관리규약준칙 제21조 제1항은 문제되는 문구를 삭제함으로써 논란을 종식시켰다. 하지만 아직도 전라북도, 부산광역시, 세종시 관리규약준칙에는 같은 조항이 여전히 존치 중이다.

입주자대표 선거에 대선거구제를 도입하자

선거구란 독립해 선거를 할 수 있는 단위구역을 말한다. 선거구를 기준으로 선거제도를 구분하면 크게 소선거구제와 대선거구제로 나뉜다. 소선거구제란 하나의 선거구에서 1명의 대표자를 선출하는 제도이고, 유권자는 후보자 1명에게 투표해 득표수가 많은 후보자가 당선된다. 대선거구제는 한 선거구에서 2명 이상의 대표자를 선출하는 선거제도이다. 2명 이상 5명 이하를 선출하는 제도를 중선거구제라고도 하는데, 이것도 광의에서 대선거구제이다. 소선거구제는 다수 세력에게 유리하다. 선거인과 후보자 간의 접근 및 선거관리가 용이하며 선거비용이 적게 든다는 장점이 있는 반면, 사표가 많고 부정선거의 위험성이 높으며 소수세력의 의견이 묵살될 수 있다는 단점이 있다. 대선거구제의 장단점은 그 반대로 생각하면 될 것이다.

입주자대표 선거에도 당연히 선거구가 존재하고, 이론적으로는 소선거구제 혹은 대선거구제의 선택이 가능하다. 하지만 주택법 시행령 제50조 제1항은 "(…) 입주자대표회의는 (…) 동별 세대수에 비례해 동법 제44조 제2항에 따른 공동주택 관리규약으로 정한 선거구에 따라 선출된 대표자로 구성한다. 이 경우 선거구는 2개동 이상으로 묶거나 통로나 층별로 구획해 정할 수 있다", 제3항은 "동별 대표자는 (…) 선거구 입주자 등의 보통·평등·직접·비밀선거를 통해 선출한다. ① 입후보자가 2명 이상인 경우: 다득표자를 선출, ② 입후보자가 1명인 경우: 입주자 등의 과반수가 투표하고 투표자의 과반수 찬성으로 선출"이라고 규정하고 있다. 즉 선거구는 공동주택 단지의 형편에 따라 하나의 동으로 할 수도, 여러 동을 묶을 수도, 하나의 동 내에 통로나 층별로 구획해 여러 선거구를 둘 수도 있으나 일단 선거구가 확정되면 하나의 선거구에 대표자는 1인만을 선출하도록 되어 있다. 소선거구제가 강제되어 있는 것이다. 이러한 이유로 국토교통부에서도 질의회신을 통해 1개 선거구에 1명의 동대표를 선출하는 것이 타당하며 선거구를 1개동 전체로 해 여러 명의 동대표를 선출하는 것, 즉 대선거구제는 타당하지 않다는 의견을 내놓았다.

하지만 법령으로 소선거구제만 강요하는 것이 합리적인지는 의문이다. 어떤 선거구제를 허용하느냐에 따라 ① 다수세력에게만 대표권을 부여할 것인지, 아니면 다수세력과 소수세력 모두에게 지지율에 따른 대표권을 부여할 것인지, ② 선거비용의 규모를 어느 정도 허용할 것인지, ③ 선거인과 후보자 간의 접근가능성 및 선거관리의 용이성을 어느 정도 참작할 것인지가 달라진다. 그런데 선거비용이나 선거관리의 용이성, 선거인과 후보자 간의 접근가능성 등은 정치선거에서는 중요한 판단요소지만 선거인 및 선거구의 규모가 작고 봉사직인 입주자대표 선출에서는 크게 고려할 요소가 못 된다. 그렇다면 다수세력에게만 대표권을 부여해 입주자대표회의 운영의 안정성을 도모할 것인지, 소수세력에게도 지지율만큼의 대표권을 부여해 견제와 균형을 도모할 것인지가 중요한 판단요소가 될 수밖에 없다.

　필자는 입주자대표회의를 장기적으로 장악하고 운영하는 다수세력에 대한 견제와 소수의견의 반영을 위해 대선거구제를 허용하는 것이 바람직하다고 생각한다. 대선거구제는 입주자대표의 중임제한을 둔 취지와도 일맥상통한다. 대선거구제를 허용하면 공동주택 단지 내에서 이사를 하는 입주자대표의 자격상실 여부도 문제가 되지 않고, 소선거구제도 아래서 특정 동에 출마하고자 하는 후보자가 없어 입주자대표회의 구성원의 장기결원이 방치되는 문제도 해결할 수 있다. 소선거구제와 대선거구제의 장단점이 뚜렷한 이상 각 공동주택 단지별로 형편에 맞게 관리규약에 따라 선거구제도를 운영할 수 있도록 하는 것이 주민자치의 원리나 대표회의 구성에 어려움을 겪는 관리의 현실에 더욱 부합한다. 그러자면 먼저 주택법 시행령이 개정되어야 한다.(2014년 3월 5일)

#소선거구제　#대선거구제　#입주자대표의 자격상실

평등선거 원칙과 입주자대표 선거

주택법 시행령 제50조 제1항은 "입주자대표회의는 4명 이상으로 구성하되, 동별 세대수에 비례해 공동주택 관리규약으로 정한 선거구에 따라 선출된 대표자로 구성한다. 이 경우 선거구는 2개동 이상으로 묶거나 통로나 층별로 구획해 정할 수 있다"고 규정하고, 서울특별시 공동주택 관리규약준칙 제17조 제1항 및 제2항은 동별 세대수에 비례한 선거구별로 입주자대표의 정원을 선출하되, 선거구는 2개동 이상으로 묶거나 통로 또는 층별로 구획해 정할 수 있도록 규정하고 있다. 따라서 선거구를 어떻게 정할 것인지는 입주자 등의 의사에 따라 관리규약으로 정할 사항이나, 다만 평등선거의 원칙에 따른 내재적 한계가 존재한다. 즉, 관리규약의 제·개정을 통한 선거구 획정은 주택법령 및 관리규약이 입주자 등에게 보장한 선거권 및 평등권을 침해해서는 안 된다는 것이다.

평등선거의 원칙은 투표의 수적數的 평등, 즉 모든 선거인에게 1인 1표를 인정함을 의미할 뿐만 아니라 투표의 성과가치成果價値의 평등, 즉 1표의 투표가치가 대표자 선정이라는 선거의 결과에 대해 기여한 정도에 있어서도 평등해야 함을 의미한다. 다만 투표가치의 평등은 모든 투표가 선거의 결과에 미치는 기여도에 있어서 완전히 동일할 것까지를 요구할 수는 없다. 왜냐하면 선거구 획정 등 선거제도의 기술적 문제로 이를 실현하기란 거의 불가능하기 때문이다. 이에 관해 헌법재판소는 국회의원 및 기초·광역자치단체의 선거구획정 사례에서 모든 선거구의 평균 인구수(전국의 인구수를 선거구수로 나눈 수치)에 100분의 60을 더하거나 뺀 수를 넘거나 미달하는(즉 상하 60%의 편차를 초과하는, 이와 같이 계산할 경우 최소인구 선거구와 최대인구 선거구의 선거인단 비율은 1:4를 초과할 수 없다) 선거구가 있을 경우에는, 그러한 선거구의 획정은 헌법에 위반된다고 보고 있다(헌재 1998. 11. 26. 96헌마54 결정, 헌재 2007. 3. 29. 2005헌마985 결정, 헌재 2009. 3. 26. 2006헌마14 결정, 헌재 2010. 12. 28. 2010헌마401 결정 등 참조).

이러한 선거구획정에서의 평등선거 원칙 위반은 입주자대표 선거에서도 마찬가지로 문제가 될 수 있다. 최근 대법원에서는 동별 세대수에 비례해 정한 선거구에 따라 동대표를 선출하지 않았다면 대표회장은 적법한 대표자로 볼 수 없다는 판결을 선고했다. 법원은 "동대표를 '동별 세대수에 비례해' 정한 선거구에 따라 선출토록 한 주택법 시행령 관련 조항은 동대표 선출을 위한 선거에서의 투표가

치의 평등을 규정한 것으로서 강행규정"이라며 "동별 세대수에 비례한 대표자 선출이라고 하기 위해서는 대표자 1명당 세대수에 있어 합리성을 인정할 수 없을 정도의 편차가 있어서는 안 된다"고 밝혔다. 문제가 된 아파트 단지의 경우 대표자 1명당 최소세대수(20세대)와 최다세대수(78세대) 사이에 1:3.9의 편차가 있었는데 이러한 선거구획정을 통해 선출한 동대표들의 자격에 모두 문제가 있다고 본 것이다. 공직선거에서의 잣대인 1:4보다도 더욱 엄격하게 판단한 것으로, 판결이유를 살펴보면 법원에서는 1:2 이내를 합리적 수준이라고 보았던 것 같다(대법원 2014. 2. 21. 선고 2011다101032 판결). 이는 공직선거보다 선거구획정이 좀 더 용이한 공동주택의 실정을 감안한 것이다.

    게다가 여러 선거구 중 일부 선거구만이 평등선거 원칙에 위반되더라도 전체 선거구의 동대표 선출이 모두 무효가 된다는 점에 사안의 심각성이 있다. 선거구 구역표는 전체가 불가분의 일체를 이루는 것으로서 어느 한 부분에 위헌적인 요소가 있다면 각 시·도에 해당하는 선거구 구역표 전체가 위헌의 하자를 띠는 것(헌법재판소 2007. 3. 29. 자 2005헌마985 결정 참조)이기 때문이다. 선거구를 획정하는 데 또 하나 고려해야 할 사항은 거리상, 구조상 인접하지 않은 세대들을 하나의 선거구로 묶는 것도 문제가 된다는 것이다. 하나의 생활문화권에 속하지 않은 지역을 하나의 선거구로 묶는 것은 헌법에 위반될 소지가 있다는 헌법재판소의 의견이 있기 때문이다(헌법재판소 1998. 11. 26. 자 96헌마54 결정 참조). 모든 아파트에서 선거구획정과 관련한 관리규약을 꼼꼼히 검토해 평등선거원칙 위반의 소지는 없는지 세심히 살펴야 할 것이고, 적어도 선거구당 입주자 등의 비율이 1:2를 초과하지 않도록 조정해야 할 필요성이 있다.(2014년 4월 2일)

#선거구획정 #평등선거 원칙 #입주자대표회의

헌법재판소는 2001. 10. 25. 선고한 2000헌마92 등 결정에서 "국회의원의 선거에 있어 전국 선거구의 평균인구수에서 상하 50% 편차(이 기준을 준수할 경우 전국 선거구 중 상한인구수와 하한인구수의 비율은 3:1을 넘지 아니한다)를 넘지 아니할 것"을 기준으로 국회의원 지역선거구 구역표의 위헌여부를 판단한 바 있고, 헌법재판소 2014. 10. 30. 자 2012헌마190 결정에서는 헌법이 허용하는 인구편차의 기준을 "인구편차 상하 33⅓%, 인구비례 2:1을 넘어서지 않는 것"으로 변경했다.

동별 대표자 결격 사유 어떻게 판단할까?

주택법 시행령 제50조 제4항은 미성년자, 파산자, 선거관리위원, 관리비 등 3개월 이상 연체자 등과 함께 제7호에서 "주택의 소유자가 서면으로 위임한 대리권이 없는 소유자의 배우자나 직계존비속"을 동별 대표자 결격 사유로 명시함으로써 반대해석상 주택의 소유자로부터 서면으로 위임받은 배우자나 직계존비속에게 동별 대표자로 선출될 자격을 부여하고 있다. 이와 같이 주택의 소유자뿐 아니라 (소유자로부터 서면위임을 받은) 배우자 및 직계존비속도 동별 대표자로 출마가 가능하기 때문에 동별 대표자의 결격 사유를 누구를 기준으로 판단해야 하는 것인지 문제가 발생하곤 한다. 예컨대, 주택의 소유자에게 동별 대표자 결격 사유가 존재하는 경우 그 배우자나 직계존비속은 동별 대표자로 출마하는 데 장애가 없는 것인지, 반대로 배우자나 직계존비속에게 동별 대표자 결격 사유가 존재할 때 주택의 소유자가 동별 대표자로 출마할 수 있는 것인지 등이다(주택을 배우자 또는 직계존비속과 공동소유하는 경우와는 다르다. 공동소유일 경우에는 동별 대표자로 출마하는 공유자뿐 아니라 위임하는 공유자 모두에게 결격 사유가 없어야 한다는 점이 명확하기 때문이다).

이에 대해 법제처 및 국토교통부에서는 그동안 결격 사유가 누구에게 존재하는지에 따라 동별 대표자의 출마가능 여부를 달리 판단해왔다. 법제처는 국토교통부의 질의에 대해 "공동주택 소유자를 대리하는 배우자나 직계존비속이 동대표 선거에 입후보할 수 있는 자격은 소유자에게서 유래한 것이므로 소유자에게 결격 사유가 있다면 배우자·직계존비속도 동대표가 될 수 없다"고 답변했다. 하지만 반대의 경우, 즉 결격 사유가 배우자나 직계존비속에게만 존재하는 경우에는 "소유자가 입주자로서의 지위를 행사할 수 없는 경우 소유자를 대신해 배우자·직계존비속이 지위를 행사할 수 있도록 한 것이므로 소유자는 언제든지 직접 입주자로서의 지위를 행사할 수 있다"는 전제에서 "만일 배우자·직계존비속이 동대표 결격 사유에 해당할 경우 그 시점을 기준으로 대리관계를 청산하고 직접 입주자 지위를 행사할 수 있"으므로 소유자에게 결격 사유가 있다고 판단해서는 안 된다고 해석했다.

그런데 최근 법원에서는 이와 같은 유권해석과 다른 판결을 선고했다. 부산지방법원에서는 "동별 대표자 피선거권은 동일한 가구에 속하는 입주자 개개인에게 주어지는 권리가 아니라 공동주택의 소유자 및 이를 대리하는 관계에 있는 배우자와 직계존비속인 입주자로 이뤄진 가구별로 하나씩 주어지는 권리"라고 전제하면서 "두 사람이 한 가구의 구성원인 이상 선관위 위원을 사퇴한 사람이 등기부상 주택 소유자가 아닌 경우와 그 반대의 경우를 나눠 피선거권 제한 여부가 달라진다고 보는 것은 근거가 불명확할 뿐만 아니라 동별 대표자 피선거권 제한취지에 부합하지 않는다"고 강조했다.

서울북부지방법원에서도 "주택법령상 동대표 결격 사유인 '해당 공동주택의 동별 대표자가 사퇴하거나 해임된 날로부터 4년이 지나지 않은 사람'인 경우 본인 외에 그와 세대를 같이 하는 입주자도 포함된다고 해석함이 타당하다"면서, 그 근거로 "관리규약상 '대리'라는 용어는 대리인 자신이 하는 법률행위가 본인을 위해 하는 것임을 표시해 대리인이 하는 법률행위의 효과가 직접 본인에게 귀속하는 법률관계를 의미하는 점에서 동대표 피선거권 등은 동일한 세대에 속하는 입주자 개개인에게 주어지는 권리가 아니라 공동주택 소유자 및 이를 대리하는 관계에 있는 그 배우자와 직계존비속인 입주자로 이뤄진 세대별로 하나씩 주어지는 권리"라는 점을 들었다.

동별 대표자 선출 과정 및 공동주택관리의 공정성을 지키고자 하는 취지에서 마련된 동별 대표자 결격 사유 규정에 비추어보면 법형식논리를 따른 법제처의 유권해석보다는 최근 법원의 판결이 타당해 보인다. 법제처가 유권해석을 내놓음과 동시에 이러한 모호성을 해소하기 위한 법령정비 의견을 제시했던 것처럼 주택법 시행령에 이

를 명확히 해두는 것이 필요하다.(2014년 6월 4일)

#동별 대표자 결격 사유 #소유자의 배우자, 직계존비속

입주자대표 선출을 위한 선거구 조정

　최근 협회 선거와 관련해 사무기구 구성원들의 출마를 제한하는 선거관리규정 개정이 위법하다는 법원의 가처분결정이 나왔다. 사무기구 구성원들도 협회의 회원인 이상 회원의 가장 중요한 권리인 피선거권은 정관에 근거해 제한되어야 하지 하위규범인 선거관리규정을 통해 제한할 수는 없다는 것이 첫 번째 이유였다. 또한 사후적인 출마제한규정을 신설해 이미 예정되어 있던 선거에 출마할 수 있는 권리를 특정인들에 한해 원천적으로 봉쇄하는 것은 그 조직과 운영에 자치권을 갖는 협회의 자치규범이라 할지라도 현저히 타당성을 잃어 수긍될 수 없다는 것이 두 번째 이유였다. 필자는 이미 협회에 금번 선거관리규정의 개정이 무효화될 수 있다는 의견을 제시한 바 있음에도 결국 법정다툼으로까지 번진 사태에 대해 안타까움을 금할 수 없다. 부디 이번 사태를 계기로 합당한 피선거권 제한의 방법과

절차 및 공정한 선거관리에 관한 회원들의 중지가 잘 모아지길 바란다.

이렇듯 어느 단체이건 회원들의 피선거권 제한과 관련된 사항은 신중히 논의되고 결정되어야 한다. 이와 관련된 또 다른 이슈는 입주자대표 선출을 위한 선거구의 조정 문제이다. 이미 잘 알려진 바와 같이 주택법령 및 관리규약에 따르면 입주자대표는 동별로 1인씩 선출하는 것이 원칙이나 선거구를 2개 동 이상으로 묶거나 하나의 동을 통로 또는 층별로 구획해 정할 수 있다. 각 선거구 및 입주자대표의 정원은 아파트의 관리규약에 명확히 규정되어 있는 것이다.

그런데 평등선거의 실현을 위해 선거인 수의 형평을 맞추는 등 여러 현실적 이유로 선거구의 조정이 필요한 경우가 있다. 때로는 특정인이나 특정세력의 출마 및 당선을 저지하고자 하는 부적절한 의도로 선거구 조정이 시도되는 경우도 있다. 그런데 선거구의 조정은 필연적으로 입주자들의 피선거권 및 선출된 입주자대표들의 대표성과도 밀접히 연관될 수 있어 면밀한 판단이 필요하다. 심지어 필자는 이미 동대표들이 선출되어 활동하고 있는 와중에 선거구 조정을 위한 관리규약을 개정하고 동대표들의 자격이 그 시점에서 상실되었으므로 새로 선거를 진행해야 한다는 주장도 접한 적이 있다. 이런 논리라면 이미 선출된 동대표들이 마음에 들지 않을 때 동대표들의 자격을 사후적으로 박탈하기 위한 선거구 조정도 가능하게 된다.

입주자대표의 출마자격을 갖추어 입주자의 선거로 선출된 동대표에 대해서는 관리규약에서 정한 해임절차를 거쳐 사후적으로 자격을 박탈하는 제도가 이미 있다. 그럼에도 선거구를 임기 중에 조정해 자격을 사후적으로 박탈하는 것은 해임절차를 피해가기 위한 편법이자 민주주의의 파괴에 다름 아니다.

국토교통부에서도 질의회신을 통해 선거구별로 임기가 시작된 동별 대표자가 있는 상태에서 관리규약을 개정해 선거구를 조정하는 것은 타당하지 않다는 의견을 밝히고 있다. 이미 선출된 동별 대표자의 임기는 보장되어야 하는데, 임기 중 선거구를 조정해 새로 입주자대표를 선출하게 된다면 이미 선출된 입주자대표와 바뀐 선거구에 따라 선출된 입주자대표 사이의 대표성 문제로 법정 분쟁이 필연적으로 발생할 수밖에 없기 때문이다.

다만, 예외적으로 기 선출된 동별 대표자가 자발적으로 사퇴하는 등의 사유로 궐위된다면 관리규약을 개정해 그 동별 대표자의 선거구와 동별 대표자가 선출되지 않은 다른 선거구를 조정해 새로운 동별 대표자를 선출하는 것은 가능하다. 이 경우에는 선출된 동별 대표자의 대표성이 충돌되지 않기 때문이다.

이러한 예외적인 경우란 선거구의 일부만 조정할 필요가 있을 때 가능한 것이지 전체적으로 선거구를 조정하고자 한다면 이미 선출된 동대표들의 임기가 끝나고 새로 임기가 시작되는 동대표들의 선출 때부터 적용해야 한다. 선거구 조정을 위한 관리규약 개정 시에는 선거구에 관한 개정조항에 한해서는 개정 관리규약 시행 후 최초로 실시되는 선거(보궐선거는 제외)부터 적용한다고 부칙에 명확히 해두는 것이 바람직하다.(2014년 10월 8일)

#입주자대표 선거 #선거구 조정

지긋지긋한 '갑질'의 연쇄 끊어내기

온 나라가 한 항공사 부사장의 항공기 회항을 둘러싼 일련의 사태로 들끓고 있다. 고객서비스 미흡을 트집 잡아 이미 이륙 준비를 마친 항공기를 되돌린 행위도 문제려니와, 회사가 대신 나서서 발표한 사과문도 부사장을 옹호하고 승무원에게 책임을 떠넘겨 더욱 큰 여론의 질타를 받았다. 최근 벌어진 전 국회의장과 전 검찰총장의 골프장 여직원 성추행사건, 중견기업 대표의 항공사 용역직원에 대한 신문지 폭행사건, 대기업 임원이 항공기 승무원을 폭행했던 '라면상무사건' 등 일련의 행태는 한국 사회의 '갑질병'이 도를 넘은 것이 아니냐는 우려를 낳는다. '갑질'이란 갑을관계에서의 '갑'과 어떤 행동을 뜻하는 접미사인 '질'을 붙여 만들어진 파생어이다. 권력의 우위에 있는 갑이 약자인 을에게 하는 부당행위를 통칭한다. 요즘에는 갑질에서 더 나아가 '슈퍼갑질', '울트라갑질'이라는 신조어가 더 이상

낯설지 않다. 을을 하인 부리듯 대하고, 자신의 잘못을 을에게 떠넘기며, 선물이나 향응을 요구하는 등의 행위가 대표적이다. 이런 한국 사회의 갑질문화는 매우 뿌리가 깊다. 남양유업 영업사원의 대리점주에 대한 폭언과 협박, 밀어내기는 정도의 차이만 있을 뿐 국내 대기업과 영세사업주 사이에서 일상다반사이다. 경영자가 종업원에게, 고객이 서비스업 종사자에게, 원청사가 하청업체에게, 공무원이 민원인에게, 갑질이 나타나는 분야와 행태도 다양하다. 이 갑질이 더욱 무서운 것은 갑질에 피해를 본 을이 어느 순간 갑이 되면 그 행태를 고스란히 반복한다는 데 있다. 부의 양극화, 치열한 경쟁사회, 금전만능주의 등의 부작용으로 잉태된 갑질의 폐해가 개선되지 않고서는 한국 사회의 미래가 없다는 것이 전문가들의 진단이다. 사람 위에 사람 없고, 사람 밑에 사람 없다는 평범한 진리가 통용되지 않는다면 아무리 경제가 발전하고 지식수준이 높아진들 구성원들이 행복할 리 만무하다. 더구나 남북분단에 지역감정으로 찢겨진 나라가 갑을관계에서까지 나뉜다면 공동체정신과 사회통합은 요원할 수밖에 없다.

    우리 공동주택에서도 갑질은 흔히 볼 수 있다. 관리사무소장과 관리사무소 직원에게 입주자대표들은 갑이다. 입주자대표들에게는 입주자가 갑이다. 공사업체와 용역업체에게는 관리주체가 갑이고, 비정규직 환경미화원과 경비원들에게는 용역업체가 갑이다. 입주자대표가 관리사무소 직원들에게 개인용무를 떠맡기고, 관리주체가 관련 업체에게 금품·향응을 제공받고, 경비·미화원에게 용역업체 임직원들이 비인격적 대우를 서슴없이 하고, 입주자가 입주자대표에게 고객은 왕이라는 우격다짐을 하는 식의 갑질이 공동주택관리 현장에서 횡행한다. 경비원에게 먹다 남은 음식을 던져주었다는 강남 모 아파트 입주민의 행태는 결국 경비원의 자살이라는 참극으로 이어졌다. 매일 얼굴을 마주치고 생활을 함께 하는 공동주택에서조차 이런 갑질이 횡행한다면 회사와 같은 조직사회, 치열한 경쟁이 펼쳐지는 업계에서의 갑질이야 말해서 무엇하겠는가?

공동주택은 여러 세대가 함께 살기 위해 건축된 주거형태다. 더불어 사는 삶을 내재화해야 할 공동주택 생활에서 어쩌면 우리 서로는 삶의 물리적 거리만 가까웠나 보다. 공동주택에서 함께하는 모든 사람들에게 각자의 가정이 있고, 인생의 역경이 있고, 고귀한 인격이 있다는 사실을 깊이 각인하지 못하며 살아왔다.

갑질의 폐해는 갑 스스로가 을의 입장에서 자신을 돌아보는 자세를 꾸준히 견지할 때 교정될 수 있다. 타인에 대한 잣대와 스스로에 대한 잣대를 동일하게 하는 것, 자신의 지위와 권한이 나의 노력뿐 아니라 여러 구성원들의 도움으로 가능했다는 점을 인식하는 것이 추잡하고 경멸스러운 갑질의 유혹으로부터 고결한 나를 지키는 방법이 될 것이다. 갑질을 할 수 있는 위치에서 을을 존중하고 배려하는 것이야말로 나의 가치를 더욱 높이는 것이기에.(2014년 12월 17일)

#갑을관계 #공동주택 생활

임차인대표회의 임원선출은 어떻게?

　20호 이상 임대아파트의 임차인들은 임차인대표회의를 구성할 수 있고, 임차인대표회의가 구성된 경우 임대사업자는 임대주택 관리규약의 제정 및 개정, 관리비, 임대주택 공용부분·부대시설 및 복리시설의 유지·보수 등에 관해 임차인대표회의와 협의해야 한다. 임차인대표회의는 동별 대표자로 구성하고, 회장 1명, 부회장 1명 및 감사 1명의 임원을 선출해야 한다(임대주택법 제29조, 같은 법 시행령 제28조). 동별 세대수에 비례해 동별 대표자를 선출하고, 선출된 동별 대표자 중에서 임원을 선출하는 것은 임차인대표회의와 입주자대표회의가 동일하다. 하지만 입주자대표회의 임원선출방법은 주택법 시행령 제50조 제5·6항에서 상세히 규정되어 있는 반면, 임차인대표회의 임원선출방법에 대해서는 임대주택법령에 아무런 규정이 없다. 따라서 임차인대표회의 임원선출방법에 대해 임대주택 관리규약에서 임의로 정하면 충분한 것인지, 아니면 주택법령상의 입주자대표회의 임원선출과 동일한 방법을 따라야 하는지가 문제가 된다. 왜냐하면 임대주택법 제3조 제1항은 임대주택의 관리에 관해 이 법으로 정하지 아니한 사항에는 주택법을 적용한다고 되어 있기 때문에, 임대주택법에서 침묵하고 있는 임차인대표회의 임원선출에 관해 입주자대표회의 임원선출에 관한 주택법 시행령 규정을 적용해야 하는 것은 아닌지 의문이 생기기 때문이다.

법제처에서는 임차인대표회의 임원선출이 입주자대표회의 임원선출방법을 반드시 따라야 하는 것은 아니라는 유권해석을 내렸다. 입주자대표회의는 주택법령상 반드시 설치해야 하고 공동주택관리에 관한 주요사항을 직접 결정하는 권한을 가지는 반면, 임차인대표회의는 법령상 의무적으로 설치되는 것이 아니고 임대주택관리에 관한 주요사항도 임대사업자와의 협의에 의해 결정하는 등 그 구성의 강제성 여부, 기능 등에 본질적 차이가 있어 입주자대표회의에 관한 주택법령의 규정이 임차인대표회의에 바로 적용될 여지가 없다는 점이 그 근거로 제시되었다.

또한 주택법 시행령 제46조 제2항에서는 회계서류의 작성·보관에 관한 사항, 행위허가 등의 기준에 관한 사항, 관리주체의 업무에 관한 사항 등에 대한 주택법령의 규정은 임대주택에도 적용된다고 규정하면서도 임원선출에 관한 주택법 시행령 제50조 제5·6항은 배제하고 있기 때문에, 법문의 형식으로도 입주자대표회의 임원선출방법을 임차인대표회의 임원선출에도 반드시 적용해야 하는 것은 아니라는 것이다.

법문의 규정형식에 따른 해석으로는 법제처의 유권해석이 올바르다. 임대주택법 제3조 제1항이 임대주택의 관리에 관해 임대주택법에서 정하지 아니한 사항은 주택법을 적용한다고 규정하고 있고, 그에 따라 주택법 시행령 제46조 제2항이 임대주택법에 적용될 공동주택관리에 관한 주택법령의 범위를 규정한 것이기 때문이다. 이를 도외시하고 임원선출에 관한 주택법 시행령 제50조 제5·6항이 임대주택에도 바로 적용되어야 한다는 주장은 논리의 비약이다.

하지만 입주자대표회의 임원선출방법에 관한 주택법 시행령 규정은 매우 우수하다. 500세대 이상 입주자대표회의 임원 중 회장과 감사를 입주자 등의 보통·평등·직접·비밀선거를 통해 선출하도록 한 것과, 후보가 단수이냐 복수이냐에 따라 선출정족수를 달리하도록 한 것 등이 그러하다. 이러한 규정을 임차인대표회의 임원선출에도 적용하는 것은 매우 바람직하다. 더해 임차인대표회의 임원 해임절차·임기 및 임원의 업무범위에 관한 주택법 시행령 제50조 제7 내지 9항까지 준용하게 해도 아무런 문제가 없다. 입주자대표회의와 임차인대표회의 사이에 구성의 강제성 여부, 기능 등에 본질적 차이가 있다는 점이 임원선출방법(또는 해임이나 임기, 업무범위 등까지도)을 반드시 다르게 해야 한다는 결론까지는 도출하지 않는다. 따라서 주택법 시행령 제46조 제2항을 개정해 임차인 대표회의 임원선출방법, 해임, 임기, 업무범위 등에 관한 주택법 시행령 제50조 제5 내지 9항까지도 임대주택관리에 관해 적용될 주택법령의 범위에 포함시키는 것이 타당할 것이다.(2015년 1월 22일)

#임차인대표회의 #임대주택 관리규약 #임대주택법

양날의 칼, 공동주택의 외부회계감사

　관리비 비리 관련 분쟁 해소, 불합리한 관리비 처리 관행 척결 등을 목적으로 2013년 12월 24일 주택법에 신설된 공동주택 외부회계감사제도가 약 1년의 유예기간을 거쳐 2015년부터 본격 시행된다. 즉, 300세대 이상 공동주택의 관리주체는 '주식회사의 외부감사에 관한 법률'에서 규정한 외부감사인으로부터 원칙적으로 매년 1회 이상 회계감사를 받아야 한다. 300세대 미만 의무관리대상 공동주택도 입주자 10분의 1 이상이 연서로 요구하거나 입주자대표회의가 의결로 요구하는 경우에는 외부회계감사를 받아야 한다. 외부감사인은 입주자대표회의가 선정하되, 외부회계감사를 받은 관리주체는 감사보고서 등 회계감사 결과를 입주자대표회의에 보고해야 하며, 단지 인터넷 홈페이지와 공동주택 관리정보시스템에 공개해야 한다. 원활한 외부회계감사를 위해 관리주체에게는 감사인의 자료열람·등사·제출 요구 또는 조사를 거부·방해·기피하는 행위나 감사인에게 거짓 자료를 제출하는 등 부정한 방법으로 회계감사를 방해하는 행위를 해서는 안 되는 의무가 부과된다. 회계감사 결과를 보고 또는 공개하지 않거나 거짓으로 보고 또는 공개한 관리주체에게는 500만 원 이하, 회계감사를 받지 않거나 부정한 방법으로 받는 경우 및 감사인의 감사를 방해하는 등의 행위를 한 관리주체에게는 1,000만 원 이하의 과태료 처분이 가능하다.

하지만 외부회계감사제도는 양날의 칼이다. 제도 도입의 취지와 같이 잘만 시행되면 공동주택관리비 관련 비리가 사라지고 투명한 관리행정이 이루어질 수 있다. 새는 관리비가 잡히면 입주자의 관리비 부담도 자연스레 절감되고 관리업무에 대한 만족도가 개선될 것이다. 반면 외부회계감사가 겉치레, 요식행위에 그치게 되면 관리비 회계처리의 잘못에 면죄부를 주고 필요치 않은 비용지출을 지속적으로 유발하며, 입주자들 간 불신의 골을 더욱 깊게 만들 수 있다.

작금의 현실은 외부회계감사제도에 대한 기대보다는 걱정이 앞서게 한다. 관리비 집행의 규모에 따라 다르겠으나 수억 원에서 수십억 원 규모로 이루어지는 1년분의 회계 흐름을 철저히 따지자면 외부감사를 수행하는 공인회계사로 하여금 상당한 시간과 노력을 투입하도록 요구해야 한다.

필자는 분쟁이 심한 공동주택 단지에서 외부회계감사를 실시한 사례를 여러 차례 지켜봤다. 그런데 이들 사례의 공통점은 감사비용이 지나치게 헐값이었다는 것이다. 불과 몇 십만 원에서 최대 300만 원을 절대 넘지 않는, 평균이 채 200만 원도 되지 않는 비용으로 외부회계감사를 맡기더라는 것이다. 향후 입찰을 통해 외부감사인을 선정할 것이 불 보듯 뻔한 현실에서 외부회계감사 비용은 이보다 적어지면 적어졌지 많아지지는 않을 것이다.

하지만 이 정도 비용이라면 전표, 통장, 장부 등이 서로 불합치하지는 않는지, 현금 흐름은 증빙에 부합하는지를 하루이틀에 걸쳐 확인하는 최소한의 감사가 될 수밖에 없을 것이다. 이러한 수준의 외부감사라면 공동주택에는 거의 아무런 도움이 되지 않고, 공인회계사에게 정기적이고 안정적인 수입원으로 기능하는 것 외에 별다른 의미가 없다.

제대로 된 외부회계감사를 시행하기 위해서는 적정 비용을 지불하는 것이 필수이지만, 이는 곧바로 입주자들의 관리비 부담으로 돌아갈 수밖에 없다. 최저임금법의 시행이 두려워 경비원도 감축하는 우리 아파트의 현실, 공인회계사와 같은 전문직 종사자들에게 받는 서비스의 가치를 제대로 평가해 적정한 대가를 지불하는 데 익숙하지 않은 국민정서 등이 문제이다. 헐값에 수박 겉핥기식으로 이루어지는 외부회계감사는 법률에 의해 의무화된 외부회계감사제도의 존립기반을 흔들 것이다.

1년마다 외부회계감사를 의무적으로 실시하되 그 비용은 입주자들이 알아서 부담하라면서 관은 아무런 역할이나 지원도 없는 이런 제도의 신설, 이러 저러한 규제, 늘어만 가는 처벌규정으로 과연 공동주택관리업무의 선진화·투명화가 가능할까? 정부의 노력은 두 가지 잣대로 평가해보면 대체로 그 진정성 여부에 대한 답이 나온다. 바로 예산과 인력이다. 외부회계감사 의무화제도에는 어느 하나도 반영된 것이 없다.(2015년 2월 18일)

#관리비 비리 #공동주택 외부회계감사제도

합리적이고 투명한 아파트 감사를 위하여

순수한 대통령제에 가까운 통치구조를 채택한 우리나라에서는 의원내각제와 달리 행정각부 장관이나 국무위원이 반드시 국회의원이어야 하는 것은 아니다. 하지만 행정부와 입법부의 관계를 원활히 한다거나 해당 부처 업무에 탁월한 역량을 가졌다는 이유로 국회의원을 장관이나 국무위원으로 임명하는 사례가 드물지 않다. 또한 정치적 목적으로 국회의원을 국무위원, 특히 총리로 임명하는 경우가 꽤 있는데, 그 저변에는 갈수록 까다로워지는 인사청문회를 수월하게 통과하리라거나 국정 현안 질의 등 국회의 정부에 대한 감시와 통제를 느슨하게 할 수 있으리라는 기대가 깔려 있다. 인사청문대상인 국무위원 후보에게 같은 국회의원들이 모질게 대하지 못할 것이고, 동료 의원이 국무위원으로서 업무수행을 잘해야 앞으로도 다른 의원들이 지속적으로 국무위원에 발탁될 것이라고 예측하는 것이다.

정권의 지지율이 하락할 경우 더욱 심해지는 이런 현상은 '팔은 안으로 굽는다'거나 '우리가 남이가'라는 의식이 정치권에 투영된 것이다.

최근 법제처는 관리주체의 관리비·사용료 및 장기수선충당금 부과 등 회계관계업무와 관리업무 전반에 대해 입주자대표회의 감사가 행하는 감사에 관한 주택법령의 규정은 강행규정이므로 입주자대표회의 의결이나 관리규약으로도 감사의 업무범위를 제한할 수 없다고 유권해석을 했다. 부정한 회계처리 등으로 인한 입주민의 피해를 방지함으로써 공동주택의 건전한 관리와 발전을 도모하고자 하는 감사제도에 관한 주택법의 입법취지를 감안한 것이다.

반면 감사로 하여금 감사 시기·대상·자료 등의 구체적인 감사계획서를 입주자대표회의에 제출토록 하는 관리규약의 조항은 감사의 효율성을 높이기 위한 절차규정이므로 유효하다는 설명도 덧붙였다. 감사의 독립성 보장과 입주자대표회의 업무 효율성이라는 충돌하는 두 가치를 조화시키기 위한 고심이 읽힌다. 그런데 이 같은 방법으로 감사업무의 독립성을 보장해준다고 해서 감사제도를 채택한 취지가 온전히 달성될 수 있을까? 보다 근원적인 공동주택 감사제도의 문제점을 살펴보아야 하지 않을까?

현행 주택법령에 따르면 감사는 동별 대표자 중에서 선출하도록 되어 있다. 따라서 감사는 입주자대표회의 구성원인 동별 대표자로서 입주자대표회의에 참여해 의결권을 행사하는 한편, 입주자대표회의 및 관리주체의 업무를 감사해야 할 의무도 함께 부여받고 있다. 이런 구조 때문에 자신이 참여한 입주자대표회의 의결이나 이를 구체적으로 집행하는 관리주체의 업무에 관해 감사가 얼마나 독립적으로 직무를 수행할 수 있을지 의문이 든다. 감사가 다수의 동별 대표자들과 뜻을 함께한 사안이라면 감사가 제대로 이루어지길 기대하기란 어렵다. 또한 소수의견을 피력한 건에 대한 감사는 관리업무에 대한 발목잡기로 인식되기 십상일뿐더러 다수의 동별 대표자 및 관리주체의 비협조로 실효성 있는 감사가 어려워진다. 이처럼 내부감사가 제대로 이루어지지 못하는 한계로 주택법은 의무적 외부회계감사를 도입했는데, 이 또한 비용 문제가 불거져 전국의 아파트가 몸살을 앓고 있는 실정이다.

감사는 입주자대표회의 참관 및 발언기회만 보장받으면 충분하지 반드시 동별 대표자일 필요는 없다. 직선제이든 간선제이든 동별 대표자와 별도로 입주자 중에서 감사를 선출하는 것이 어려울 것도 없다. 단지의 규모가 크거나 감사업무가 방대할 경우 국토교통부는 감사가 입주자대표회의 임원의 보조를 받아 감사업무를 수행할 수 있다는 질의회신을 했다. 감사의 독립성 측면에서 보면 이와 같은 방법보다는 복수의 감사위원을 선출하고 그중 감사위원장을 호선함으로써 다수의 감사인원이 감사를 실시하는 편이 훨씬 나은 방법이다.

이러한 감사위원제도를 도입하려면 감사가 동별 대표자 자격을 겸임해야 하는 족쇄가 풀려야만 가능하다. 대부분의 단체들이 대의

기관이나 집행부와 별도로 감사선출제도를 두는 이유가 여기에 있다.(2015년 3월 25일)

#공동주택 감사 #감사위원제도 #동별 대표자의 감사 선출

입주자대표회의 공익대표자 위촉에 대한 우려

　2015년 4월 2일자로 황영철 의원 등 11명의 국회의원이 제안한 주택법 일부 개정 법률안에는 입주자대표회의에 공익대표자의 위촉을 추진하는 방안이 포함되어 있다. 위 개정 법률안은 현행 대통령령으로 정한 입주자대표회의 구성요건을 법률로 상향 규정토록 하면서 500세대 이상 공동주택의 경우 관할 시장·군수·구청장이 해당 지자체 소속 7급 이상 공무원, 법학·경제학·부동산학 등 주택 분야와 관련된 학문을 전공한 사람으로서 대학이나 공인된 연구기관에서 조교수 이상 또는 이에 상당하는 직에 있거나 있었던 사람, 변호사·공인회계사·세무사·건축사·공인노무사의 자격이 있는 사람 또는 판사·검사, 그 밖에 주택관리 분야에 관한 학식과 경험을 갖춘 사람으로서 국토교통부령으로 정하는 사람 중에서 위촉한 1명을 입주자대표회의 구성원이 될 수 있도록 하고 있다.

공동주택의 관리비·사용료·장기수선충당금 등을 둘러싼 입주자대표회의와 관리주체의 부정행위가 지속적으로 발생하고 있고, 그에 따른 입주자와 사용자의 공동주택 관련 민원이 크게 증가하고 있는 실정에서 공동주택관리의 투명성을 높이고 공동주택의 체계적인 관리를 도모하고자 하는 것이 제안 취지이다. 아직 국회 소관위원회인 국토교통위원회에서 심의 중인 사안이므로 실제 개정 법률로 시행될 것인지는 속단하기 이르지만 만약 개정된다고 하더라도 그 실효성에는 의문이 든다.

위 개정 법률안이 아니더라도 유사한 취지의 제도가 이미 시행 중이다. 우선 주택법 시행령 제50조의 2 제3항은 500세대 이상 공동주택에서 관리규약으로 정하는 바에 따라 중앙선거관리위원회, 특별시·광역시·도 선거관리위원회, 구·시·군 선거관리위원회, 읍·면·동 선거관리위원회 소속 직원 1명을 공동주택 선거관리위원으로 위촉할 수 있도록 규정하고 있다. 같은 조 제5항에서는 공동주택 선거관리위원회가 구·시·군 선거관리위원회에 투표 및 개표관리 등 선거지원을 요청할 수 있도록 하고 있다. 또한 서울특별시 공동주택 관리규약준칙 제34조 제3항은 공동주택선거관리위원회가 구성되지 않은 때에는 시장·군수·구청장이 학식과 사회경험이 풍부한 자(입주자 등과 외부인을 포함) 중에서 위원을 위촉할 수 있으며, 입주자 등은 이에 따라야 한다고 규정하고 있다.

그런데 위 규정들은 거의 활용되지 못하고 있는 실정이다. 시장 등이 위촉하고자 할 만큼 학식과 사회경험이 풍부한 외부인이 이에 응하기 쉽지 않고, 재정적 뒷받침도 모호하며, 입주자 등이 이를 관의 과도한 개입으로 판단해 반발하는 등 제반 여건이 뒷받침되지 못하기 때문이다.

필자는 한 자치단체에서 직접 선거관리위원회를 구성해 선거를 추진했다가 입주민들의 거센 반발과 민원으로 홍역을 치른 사례를 경험한 적이 있다. 구청장이 구성한 선거관리위원회의 중립성을 입주자들이 신뢰하지 못해 발생한 해프닝이었다. 게다가 외부인을 선거관리위원으로 위촉하거나 공익대표자로서 입주자대표회의에 위촉하는 경우 그 비용은 입주자들이 부담하게 될 것이 분명한데, 왜 주민 부담으로 외부인을 위촉하느냐는 항의라도 받게 되면 참으로 난감하다. 입주자인 선거관리위원이나 입주자대표에게는 겨우 몇 만 원의 출석수당이 주어지는 현실에서 실비에도 미치지 못하는 수준의 비용으로 봉사할 외부 전문가를 물색하기란 쉽지 않다. 그렇다고 제대로 된 활동비를 지급하려면 입주자인 선거관리위원 및 입주자대표와의 형평성 문제가 발생한다.

최소 4인에서 최대 수십 명에 이르는 입주자대표 중 겨우 한 명의 공익대표자를 위촉한다고 해서 공동주택의 체계적인 관리와 투명성이 제고될지도 의문이고, 오히려 낙하산인사 취급이나 당하지 않을지 걱정도 된다. 현재의 제도 아래서도 시장 등은 공동주택관리와 관련한 여러 인허가권 및 지도감독권한을 부여받고 있으며, 이 권한만으로도 공동주택관리행정을 충분히 잘 펼칠 수 있다. 예산과 인력의 투자는 없이 입주자들의 부담으로 행정에 권한만 더 부여해 현실을 개선해보겠다는 시도는 누누이 지적하지만 탁상공론에 그칠 뿐이다.(2015년 5월 20일)

#입주자대표회의 #공익대표자

자치단체 지원금이 줄줄 샌다

여러 지방자치단체에서는 공동주택관리 지원조례를 통해 경로당, 도로 및 하수도, 보안등, 재난안전시설물, 실외 운동시설 등의 보수공사나 에너지절감시설, 옥외주차장이나 자전거도로, 친환경시설이나 에너지 절약시설의 설치와 개선에 막대한 예산을 투입해 지원하고 있다. 이러한 공동주택 지원정책을 통해 쾌적한 주거환경이 조성되고 입주민들이 혜택을 입는 것은 매우 바람직한 일이다.

그런데 주민들의 생활편의를 위해 알차게 쓰여야 할 지자체의 지원금이 줄줄 새고 있어 문제다. 물론 자치단체에서는 소관 부서별 현장조사나 지원대상 사업의 적법성, 사업내용 및 사업금액 산정의 적정성 등을 나름대로 엄밀히 심의해 지원을 결정하고 있다. 사업추진실적이나 사업비정산 등을 보고하게 하고, 공무원에게 현장을 조사하게 하며, 지원금을 사업목적 외로 사용하거나 허위로 지원금을 수

령한 경우 등은 이를 회수하거나 차기 지원사업 대상에서 제외하는 방식으로 관리감독을 하고 있다.

하지만 지원금을 사용하는 공사에 입주자대표회의나 관리주체가 입찰을 진행하지 않고 부적격 업체의 견적서만 몇 개 제출받아 공사를 맡기는 경우라든가, 자치단체 지원금이 전체 공사금액의 50% 한도에서 지원된다는 점을 악용해 공사업체와 짜고 공사금액을 부풀리는 등 다양한 사례를 통해 지원금이 새는 것을 보게 된다. 좋은 의도로 도입되어 혈세를 투입하는 지원제도가 일부 공사업체나 극소수지만 이들과 결탁한 동대표, 관리주체의 배를 불리는 부작용을 낳고 있는 것이다. 자치단체에서 감독권한을 행사하는 데도 한계가 있을 수밖에 없으니 모든 비리와 편법을 발본색원할 수는 없다.

자치단체 지원금이 줄줄 새는 현상을 부채질하는 상황이 또 있다. 자치단체 지원금을 사용하는 공사에 대해서는 주택관리업자 및 사업자 선정지침이 적용되지 않는다는 국토교통부의 질의회신 때문이다. 주택관리업자 및 사업자 선정지침은 주택법령에 근거해 관리비 등의 집행을 위한 사업자의 선정에만 적용되는 것이므로 자치단체의 지원금으로 진행되는 공사는 지침의 적용대상이 될 수 없다는 국토교통부 입장이 합당하기는 하다. 하지만 이렇다 보니 공개경쟁입찰을 하지 않아도 되고, 적격심사나 최저가낙찰도 적용되지 않는다. 불순한 의도를 가진 공사업체가 접근하기 딱 좋다. 입찰 과정이나 결과를 입주자들에게 공개하지 않아도 되니 입주자들의 건전한 비판이나 감시를 피하기에도 안성맞춤이다. 오히려 입주자들 눈에는 자치단체 지원금을 끌어오지 못하는 동대표나 관리주체는 무능하게, 필요한 적정비용보다 많은 지원금을 받아오는 동대표나 관리주체는 유능하게 보일 수도 있겠다 싶다. 여하간 이 '눈먼 돈'을 유치하려는 공동주택들 간의 경쟁은 치열하고, 그에 비례해 지원금이 새어 나가는 것도 가속화되고 있다.

자치단체 지원금의 사용에 주택관리업자 및 사업자 선정지침을 적용하게만 해도 많은 비리를 예방할 수 있다. 이를 위해 주택법령을 개정할 필요도 없다. 각 자치단체의 공동주택관리 지원조례에 지원금 사용 시 주택관리업자 및 사업자 선정지침을 따라야 한다고 명기하기만 하면 된다. 그러면 자치단체의 관리감독도 수월해질 뿐 아니라 입주자들의 감시·감독도 늘어날 수밖에 없기 때문에 우리의 혈세가 낭비되는 것을 상당부분 막을 수 있다.

주택관리업자 및 사업자 선정지침은 입주자대표회의나 관리주체가 특정업체와 결탁해 사업자 선정 과정의 투명성과 공정성을 해침으로써 입주자들의 재산권을 침해하는 것을 방지하고자 마련된 것이다. 자치단체의 지원금도 넓게 보면 우리 입주자들의 재산에서 출연된 것이고, 이를 흥청망청 낭비하는 것 또한 입주자들의 재산권을 침해하는 것과 마찬가지니 여기에 주택관리업자 및 사업자 선정지침을 적용 못할 이유가 없다. 공공의 자산은 유한하고 필요치 않은 곳에 쓰이면 정작 필요한 곳에 지원의 손길이 미치지 못하게 된다. 각 자

치단체의 공동주택관리 지원조례가 조속히 개정되길 기대한다.(2015년 7월 15일)

#공동주택관리 지원조례 #지자체 지원금 #주택관리업자 및 사업자 선정지침

제2부

공동주택 관리하기

행정·관리 담당자를 위한 도움글

주택관리사도 전문직이다

    2009년 12월 8일 대한주택관리사협회 제4대 회장 선출을 위한 선거가 있었다. 현장에서 직접 참관하지는 못하고 나중에 결과를 전해 들었는데, 여러 쟁쟁한 후보들 중에서 특히 필자와 잘 알고 지내던 김찬길 후보가 당선되었다는 소식에 반가움이 앞섰다. 소식을 듣자마자 축하의 말씀을 전했으나 한편으론 당선자의 앞길이 험난하기 이를 데 없어 보여 마음이 무겁기도 하다.

    전문직 종사자들이 현실에서 맞닥뜨리는 버거운 사정은 하나 둘이 아니다. 필자가 몸담고 있는 변호사 직종도 마찬가지이다. 법학전문대학원(일명 로스쿨)제도가 도입되면서 배출되는 변호사의 수는 해마다 늘어나고, 이미 포화상태인 취업시장은 신규 수요를 받아들이는 데 점점 더 경색되고 있다. 법률시장은 단계적으로 개방되어 세계적 경쟁력을 갖춘 초대형 영미계 로펌의 국내시장 진출이 초읽기에 들어섰다. 반면, 국민들 눈에 비치는 변호사의 이미지는 실추된 지 오래고, 여러 비윤리적 행위나 범법행위에 연루되어 형사처벌이나 징계를 받는 변호사의 수도 기하급수적으로 늘어나고 있다. 변호사의 처지가 어쩌다 이렇게까지 떨어졌을까 싶은 자괴감이 드는 것은 비단 필자만이 아닐 것이다.

변호사뿐만 아니다. 회계사, 감정평가사, 의사 등 다른 직종의 전문직 종사자들도 크게 다르지 않다. 생존을 위한 경쟁은 날로 치열해지고, 복잡 다변화되는 사회에서 전문직이 갖추어야 할 지식과 정보의 양은 산적해가는데, 이런 흐름을 따라잡지 못하고 경쟁에서 밀려나는 이들도 늘고 있다. 심지어 현 정부는 서비스업 선진화 방안의 일환으로 전문직 아닌 사람(아마도 자본일 것이다)이 전문직을 고용해 영업하는 것을 허용하는 방안까지 추진한다 하니, 전문직이 단순 월급쟁이로 전락하는 것도 시간문제다.

주택관리사들의 처지는 다른 전문직종에 비해 더하면 더했지 덜하진 않을 것이다. 전문직 제도의 도입 시점부터 일정 기간 정부의 지원과 보호를 받았던 다른 직종과 달리, 주택관리사 제도는 방치되듯 운영되어왔다. 주택관리사라는 전문직을 만들어놓고도 그에 합당한 권한과 대우를 보장하지 않았던 정부의 태도는 공동주택 전반에 대한 태도와도 일맥상통한다. 주택관리사들 스스로가 각성해 협회를 결성하고 스스로 권한과 지위를 찾으려 노력해온 이래, 짧은 기간 동안 많은 성과가 있었던 것도 사실이다. 하지만 아직도 바꾸고 개선해야 할 사항은 산적한 반면, 현장의 주택관리사들이 체감하는 변화는 극히 미미하다.

위로는 정부 및 산하기관과 협상하고 투쟁하고 쟁취해야 하고, 아래로는 현장의 주택관리사들과 소통해야 하며, 좌우로는 여러 유관단체들과 협력하고 상생해야 하는 엄중한 시기이다. 이러한 때 협회 회장에 선출된 김찬길 당선자의 과단한 추진력에 큰 기대를 걸어본다.

공동주택관리 전문가로서의 합당한 대우와 권한의 보장을 바라는 전국 주택관리사들의 염원에 필자의 염원 하나를 보태어, 새로 출범하는 대한주택관리사협회의 김찬길 회장 당선자 이하 임원들의 건승과 발전을 기원해본다. 제4대 대한주택관리사협회 파이팅!(2010년 1월 6일)

#대한주택관리사협회 #주택관리사 제도

체납관리비 떠넘기기는 이제 그만

아파트의 특별승계인은 전 입주자의 체납관리비 중 공용부분에 관한 부분만을 승계해야 한다는 것이 대법원 전원합의체 판례이다(대법원 2001. 9. 20. 선고 2001다8677 판결). 이와 같이 전체 대법관들이 모여 내린 결론이 있음에도 체납관리비의 승계 문제를 둘러싼 소송이 지속적으로 제기되고 있다. 하지만 대법원을 비롯한 각급 법원에서는 여전히 공용부분 체납관리비만 승계된다는 결론을 계속 유지하고 있다(대법원 2006. 6. 29. 선고 2004다3598 판결, 대법원 2007. 2. 22. 선고 2005다65821 판결, 의정부지법 2007. 7. 25 선고 2006가단74938 판결 등).

심지어 최근에는 경락인에게 승계되지 않는 전유부분 체납관리비를 전체 입주자들이 최종 부담하게 되어 형평에 어긋난다는 아파트입주자대표회의 주장에 대해, 대구지방법원 포항지원에서 전체 입주자들이 전유부분 체납관리비를 나누어 부담하더라도 형평에 어긋나지 않는다고 판단했다.

    대법원을 비롯한 각급 법원에서 체납관리비의 승계범위를 제한적으로 해석하고 있고, 이러한 법원의 태도가 바뀔 기미가 없음에도 전국 여러 아파트에서 소송까지 불사하며 체납관리비 전부를 바뀐 입주자에게 부담시키려는 이유는 무엇일까? 입주자대표회의에 법 경시 풍조가 만연해서일까? 아니면 확립된 판례를 해석할 능력조차 없어서일까?

    필자 또한 체납관리비 승계와 관련된 사건을 수임해 대법원까지 상고해 다툰 경험이 있다. 당시의 집합건물 관리단 또한 체납관리비 중 공용부분만 승계된다는 대법원 판례의 내용을 잘 알고 있었다. 하지만 전 구분소유자가 체납한 관리비 중 전유부분에 해당하는 관리비만 1억이 훨씬 넘어 있었다. 게다가 전 소유자는 관리단과 체납관리비를 납부하기로 합의까지 해 가압류를 푼 후 몰래 상가소유권을 넘겨놓은 상태였다. 악성 채무자 때문에 선량한 다른 구분소유자들이 막대한 체납관리비를 분담해야 하는 억울한 상황이었다.

    관리비를 꼬박꼬박 납부하는 입주자에게 체납자의 관리비를 전가시키는 것이 합당한가, 아니면 체납자의 소유권을 승계한 자에게 체납관리비까지 납부시키는 것이 타당한가는 상식적으로 생각해봐도 쉽게 답이 나온다. 관리비가 체납된 세대를 인수하려는 자는 통상적으로 체납관리비의 존재 여부와 규모를 손쉽게 확인할 수 있다. 반면, 입주자대표회의나 관리주체에게 관리비 체납을 미연에 방지하도록 하거나 관리비가 체납된 세대의 소유권이전이 되지 않도록 미리 조치하기를 요구하는 것은 현실적으로 어렵다. 법원에서 관리비 체납세대의 소유권을 이전받으려는 자가 모든 체납관리비까지 인수해야 한다고 판결만 해주면 아파트 구매 희망자들은 체납관리비를 반드시 확인할 것이고, 체납관리비만큼을 공제하고 매매대금을 지급할 것이다. 체납관리비가 얼마인지 확인해주길 거부하는 관리주체를 필자는 한 번도 경험하지 못했다.

사법부가 바뀔 기미가 없다면 입법부라도 나서서 현실과 동떨어진 법률을 개정해야 할 텐데, 거듭된 청원에도 불구하고 체납관리비 문제를 해결할 어떠한 시도도 보이지 않는다. 관리비 채권의 공익성을 감안해 시효기간을 연장하고, 공익채권으로 분류해 경매절차에서의 우선변제권을 인정하는 등의 대책은 이미 논의된 지 오래다.

혜택을 입은 만큼 의무를 다해야 한다는 가장 최소한의 상식조차 준수되지 않고 있는 아파트의 현실과 이에 눈감고 있는 사법정의가 아쉽다. (2010년 2월 3일)

#체납관리비 승계 #전유부분 체납관리비

주택관리업무와 고문변호사의 필요성

대한주택관리사협회 경기도회 수원지부가 최근 서울 서초동의 모 법무법인 변호사와 자문협약을 체결했다고 한다. 자문협약을 체결한 변호사는 주택관리사 자격증을 취득한 아파트관리 분야의 전문변호사라고 한다. 이번 협약의 체결로 수원지부에서는 관내 공동주택 하자처리업무의 진행과 주택관리사들의 업무와 관련한 어려움을 상당부분 해소할 수 있을 것으로 기대하고 있다.

필자도 대한주택관리사협회 서울시회와 업무협약을 체결했고, 인천시회의 고문변호사로 위촉되는 등 여러 주택관리사 단체의 법률지원업무를 수행해왔다. 그간의 법률자문활동 과정에서 공동주택 현장의 관리업무의 실제와 법원 및 수사기관의 법적 잣대에 상당한 괴리가 존재함을 누차 느끼게 되었다. 다시 말하면 주택관련 법령 및 관리규약의 해석에 있어 법원이나 수사기관의 법률적용이 다분히 추상적이고 이론적인 면에 치중되어 현실의 문제를 올바로 풀어가는 데 미흡했다는 것이다. 이는 법원이나 수사기관의 잘못만이 아니다. 현실적으로 공동주택을 관리하는 주체(입주자대표회의, 관리주체)가 법원이나 수사기관에 공동주택의 현실과 올바른 법령해석과 적용에 관한 의견을 효율적으로 전달하지 못한 측면도 있다.

물론 현실에 입각한 적극적 의견개진의 1차적 책임과 의무는 분쟁이 발생한 해당 공동주택의 입주자대표회의나 관리주체에게 있다. 하지만 전문성이 부족하고 분쟁을 처음 경험하는 그들에게만 책임을 미뤄서는 문제해결이 요원하다. 입주자대표연합회나 주택관리사협회가 나서야 하는 이유가 여기에 있다.

여러 공동주택 단지에서 빈번하게 발생하는 공통적인 법률 문제의 원인을 파악하고 올바른 해법을 도출해 법원이나 수사기관에 적극적으로 개진하는 것은 이들 단체가 적격이다. 이런 활동에 법률전문가인 변호사의 도움을 받을 수 있다면 금상첨화일 것이다. 해당 단지에서 자신들의 문제를 해결하기 위해 변호사의 도움을 받는 것은 여러 현실적인 문제(과다한 변호사 비용, 전문변호사 선정의 어려움 등)로 어려운 것이 사실이다. 그렇다면 입주자 단체나 주택관리사 단체가 공동주택관리에 전문성을 가진 변호사를 선정해 자문협약을 체결하고 분쟁 단지를 지원해주는 것도 좋은 방법일 것이다.

그런 관점에서 보자면 주택관리사 자격증까지 보유해 공동주택 관리에 관한 여러 사안을 전문적으로 다뤄본 변호사를 고문변호사로 위촉함으로써 관내 공동주택의 여러 법률적 문제에 지원을 받고자 하는 주택관리사협회 경기도회 수원지부의 활동은 매우 긍정적이다. 합리적인 공동주택관리업무의 정착을 위해서나 열악한 주택관리사들의 처우와 법적 지위의 개선을 위해서도 여러 주택관리사 단체의 고문변호사 위촉이나 변호사와의 자문협약 체결은 더욱 활발해져야 할 것이다.

더하여, 주택관리사 단체의 고문변호사 선임이 활성화되면 부수적으로 공동주택관리 문제를 전문분야로 삼는 변호사들의 시장진입이 가속화될 것이다. '수요 있는 곳에 공급 있다'는 시장경제의 기초적인 원리에 의하더라도, 주택관리사 단체의 고문변호사로 활동하는 등 전문성을 인정받는 변호사에게 공동주택 법률 문제에 대한 소송대리나 자문이 집중된다면 능력 있는 변호사들이 자신의 전문분야로 공동주택 문제에 매진할 것이다. 전문변호사가 늘어나고 이들의 활동이 활발해질수록 공동주택에 관한 법률적 분쟁은 보다 합리적인 해결방안을 찾아갈 것이고, 이런 사례가 축적될수록 입주자대표회의나 관리주체의 관리업무 또한 수월해질 것이니 '누이 좋고 매부 좋은 일'이라는 표현은 이럴 때 쓰는 것 아닐까?(2010년 5월 5일)

#변호사 자문협약 #입주자 단체 #주택관리사 단체 #고문변호사

감사원의 아파트관리비 감사가 나아갈 길

 감사원이 지난 달 29일부터 서울지역 의무관리대상 공동주택을 대상으로 '아파트관리비 부과 및 징수실태'에 대한 감사에 착수했다. 현행 감사원법에 의하면 감사원이 일반 분양아파트를 대상으로 직접 감사를 실시할 수 없어 주택법령상 아파트에 대한 관리·감독권한이 있는 각 구청을 통해 서면 및 현장감사를 실시 중이다. 감사는 주택관리사 현황, 공동주택관리기구 기술인력·장비보유 현황, 공동주택 위탁관리 현황을 각 아파트로부터 구청이 제출받아 감사원이 서면심사를 한 후 문제가 있다고 판단되는 단지에 대해서는 구청 공무원들과 함께 현장감사를 실시하는 방식으로 진행된다. 특히 감사원은 관리규약에 따라 총 공사금액이 2백만 원 이상인 경우 공개경쟁입찰을 통해 계약을 체결했는지 여부와 함께 신문 등에 입찰공고를 게재했는지, 장기수선계획에 맞게 장기수선충당금을 예치·사용했는지 등

공사계약과 장기수선충당금 등에 대해 집중 점검할 예정이라 한다.

최근의 관리비를 둘러싼 아파트 분쟁에 관한 공중파 방송들의 연이은 보도에 이어 대표회장과 감사 직선제, 동대표 임기제한, 관리주체업무 회계감사 실시 등의 내용을 담은 주택법 시행령과 시행규칙 개정 움직임까지 일련의 흐름들을 보며, '올 것이 왔다'는 일말의 자괴감과 함께 다소 우려스러운 마음도 든다.

감사원의 대규모 감사와 결과 발표는 그 자체로 커다란 사회적 파장을 가져오고, 추후 여러 제도적 개선방향을 설정하기도 한다. 이처럼 큰 반향을 가져오는 감사원의 감사 결과가 그 시점의 적정성이나 지적사항의 공정성 등에서 과연 신뢰할 수 있는 것인가에 관한 의문도 여러 차례 제기된 바 있다. 정권 교체 후 KBS 정연주 사장이나 문화예술단체에 대한 표적감사 논란, 용두사미 격이 되어버렸던 서울시 뉴타운사업 감사와 각 지자체의 경전철사업 감사 등이 대표적이다. 감사가 가야 할 방향이 먼저 정해지고 결론이 거기에 꿰맞춰지는 것이 아니냐는 의혹이 그치지 않는 것도 그런 이유이다.

방송과 감사원 같은 사정기관들에 대한 정부의 장악력이 더욱 커진 상황에서 아파트관리실태에 대한 감사원 감사와 주택법 시행령 등의 개정 움직임까지 더해지면서, 필자는 혹시 이 정권의 핵심이 입주자대표회의와 관리주체를 비리의 온상이자 처벌과 규제의 대상으로 보고 있는 것은 아닌가 하는 걱정이 든다. 물론 일부 극소수 동대표들과 관리주체가 연루된 관리비 횡령 등 범법행위가 간혹 발생하기는 한다. 하지만 대다수 동대표와 관리주체들은 열악한 근무환경과 왜곡된 사회적 인식에 따른 불이익을 봉사와 희생정신으로 극복해가면서 활동하고 있다.

사회 어느 부분, 어느 직종에서나 늘 존재하는 극히 예외적 병리현상을 과장해 입주자대표와 관리주체에 대한 사회적 인식을 더욱 저하시키는 것은 결코 바람직하지 않다. 우수관리 아파트 단지의 선정과 포상, 동별 대표자의 교육, 위탁관리제도의 개선, 공동주택분쟁조정제도의 활성화 등 여러 지원책과 제도개선이 선행되지 않는 한 일과성 감사는 한계를 가질 수밖에 없다.

다만, 감사원 감사가 공동주택에 대한 지도·감독권을 가진 각 자치구의 공동주택 지원사업에 대한 감사도 병행한다고 하니 이 부분의 결과도 주목해야 할 것이다. 더 나아가 공동주택관리 지원사업뿐만 아니라 관리비분쟁 등에 대한 각 자치구의 적정한 감독권 행사 여부나 소극적 업무태도 등도 함께 감사가 이루어지고, 선정적 사례만 부각시키는 것이 아닌, 제도개선과 지원책 등이 종합적으로 마련된 감사 결과가 도출되길 기대한다. (2010년 6월 2일)

#아파트관리비 감사 #감사원 #장기수선계획 #공개경쟁입찰

주택관리사보 자격시험을 상대평가제로

자격시험을 상대평가로 할 것인가 절대평가로 할 것인가는 단순히 시험 합격자를 결정하는 방식의 문제만을 의미하지 않는다. 좁게는 자격증을 취득해 경제활동에 뛰어들려는 시험응시자와 이미 자격증을 취득한 기득권자들 사이의 이해관계가 충돌하고, 넓게는 우수인력을 선발해 해당 분야의 발전을 꾀하려는 자격증제도의 본래 취지를 어떻게 관철할 것인가 하는 문제와도 연관된다.

자유경쟁체제를 통해 우수인력이 살아남고, 자격증 소지자라고 해도 능력에 따라 도태되는 환경은 이미 거스를 수 없는 대세이다. 하지만 시장만능주의나 신자유주의 경제의 폐해가 전 세계적 공황과 금융위기를 통해 입증되고 있듯이, 자격시험의 무한경쟁도 무조건적인 선이 될 수는 없다. 이는 자격증제도의 본질과도 무관하지 않다.

특정 분야의 전문집단을 상대로 시험을 거쳐 자격증을 발급하고,

자격증을 취득한 사람만이 해당 분야에서 활동할 수 있도록 하는 자격증제도는 단순히 시장 진입장벽을 만들고자 하는 것이 아니다. 본래 자유롭게 이루어져야 할 경제활동에 자격증을 취득한 전문가들만 개입하도록 제한하는 장치를 두는 이유는 그 분야가 가진 고도의 공익성과 사회적 유용성에 기반을 둔다. 자격증제도에 다소 경쟁제한적인 요소가 있다고 하더라도, 일정 수준의 전문성 및 윤리성을 갖춘 전문가들에게 독점적 지위를 보장함으로써 얻는 사회적 이익이 이를 상쇄한다는 사회구성원 사이의 묵시적 합의가 자격증제도를 뒷받침하는 것이다.

그럼에도 불구하고 자격증제도에 있어서 무한경쟁만을 강조한다면 자격증 취득자의 급속한 증가, 질적 저하, 사회·경제적 처우 하락, 자격증 응시자들의 응시율 저조 등으로 이어져 결국 자격증제도 자체의 붕괴가 가속화될 수 있다. 뿐만 아니라 이는 곧 공익성 붕괴로 이어질 수 있다.

현재의 주택관리사보 자격시험은 절대평가제로 시행되고 있다. 언론에 나타난 통계를 보면 2010년 초 현재 배출된 주택관리사보는 3만 6천 명, 취업자는 1만 2천 명으로 3명에 1명꼴로 취업에 성공한다고 한다. 이러한 현실을 반영해 국토해양부는 주택관리사보 선발 예정인원을 미리 공고하고 고득점자 순으로 합격자를 선발할 수 있도록 이른바 '상대평가제'를 골자로 하는 주택법 시행령을 입법예고했다. 이에 대해 규제개혁위원회는 "수요와 공급의 원칙에 따라 자율경쟁을 촉진시켜 우수한 인력이 공동주택관리에 공급돼야 한다"는 이유로 개정안의 철회를 요구했고, 국토해양부가 이를 수용해 개정안에서는 상대평가제가 삭제되었다.

규제개혁위원회의 권고는 일반적으로는 옳은 지적이다. 하지만 주택관리사보 3명 중 1명만이 취업이 되는 현실, 주택관리사보 자격증이 전문가로서의 활동을 보장하는 것이 아니라 장롱면허처럼 취급되는 현실을 감안하면 바람직하지 않은 것으로 보인다. 주택관리사보 자격증만 취득하면 취업이 보장될 뿐만 아니라 여타의 직장에 비해 과도한 보수와 대우를 받는 불합리한 상황이라면 모를까, 현재의 상황은 자격증제도 자체의 붕괴를 걱정해야 할 수준임에도 자율경쟁만 강조하는 것은 납득하기 어렵다.

공인중개사제도를 생각해보자. 자격증이 남발되어 자격증을 취득하고도 장롱에 처박아두고, 실제 중개업소를 운영할 사람에게 몇십만 원을 받고 자격증을 대여해준다. 수요보다 초과공급된 중개업자 사이의 경쟁으로 사기에 가까운 부동산중개행위가 만연할 뿐 아니라 '떴다방'과 같은 부동산투기가 사회적 문제가 되고 있다. 이는 바로 자격증제도 운영을 올바로 하지 못했을 때 전체 사회구성원이 감당해야 할 비용이 막대하다는 것을 단적으로 보여주고 있다. 규제개혁위원회의 권고 하나로 곧바로 주택관리사보 자격시험의 상대평가제를 철회해버린 국토해양부의 비전 부재가 아쉽기만 하다.(2010년 6월 30일)

#주택관리사보 자격시험 #상대평가제 #공인중개사제도

이후 필자는 국토교통부로부터 주택관리사보 시험위원회의 위원으로 위촉되었고, 동 시험의 출제방향이나 적정 합격자 수의 결정 등 여러 중요 사안의 논의에 참여하게 되었다. 필자가 주택관리사보 시험위원으로 있는 동안 주택관리사의 과다배출이 주택관리사제도의 안정적 정착에 커다란 장애가 될 수 있다는 필자의 주장에 대한 공감대가 넓어지고 있다는 점에 큰 보람을 느끼고 있다.

관리소장의 손해배상책임과 공제사업

관리사무소장의 손해배상책임과 대한주택관리사협회의 공제사업 규정이 주택법에 신설된 것은 2007년 4월 20일이다. 이후 여러 제도 정비 및 준비 과정을 거쳐 최근 공제사업단의 제1차 심사보상위원회의가 개최되었다.

필자는 원래 협회 차원의 공제사업 필요성에는 공감하지만 주택법에 관리사무소장의 손해배상책임조항을 신설하는 데는 반대했다. 그래서 협회로부터 심사보상위원 위촉제안을 받고 고민도 많았다. 하지만 법 개정을 반대하는 것과 이미 개정되어 시행 중인 법 조항에 따라 제도운영을 어떻게 잘할 것인가는 다른 문제라고 판단했다.

어차피 해야 할 공제사업이라면 단순히 주택관리사의 상호부조뿐만 아니라 공동주택관리 문화를 올바르게 정착시키는 데도 큰 관심을 기울여야 한다. 막상 보상심사위원 위촉을 수락하고 심의에 참석하는 과정에서는 많은 부담감과 책임감을 느꼈다. 부족한 필자와는 달리 심사보상위원님들의 면면이 전문성에서나 실무경험에서나 최고의 자질을 갖춘 분들이라 그나마 다행이었다.

보상심사에 상정된 두 건은 모두 지방 아파트에서 발생한 누수 관련 피해 건이었다. 저수조의 물이 넘쳐 전기실로 흘러들어가 발전기 등이 손상된 사고로, 금전적 피해만 수천만 원씩 되는 큰 사고였다. 두 사건 모두 관리소장에게 손해배상책임이 인정되지 않아 공제에서 보상할 수 없다는 1차 판단이 있었다. 그럼에도 당사자인 관리소장들이 굳이 이의신청을 해서 심사보상위원회에 상정되었다.

공제사업단에서 관리소장에게 책임이 없다고 유권해석을 해주었는데도 오히려 자신들에게 책임이 있다면서 이의를 신청한 데는 다 이유가 있었을 것이다. 이번 심의결과 역시 자신들에게 법적 책임이 없다는 결정이 내려진다면 과연 승복할까? 구태여 스스로 잘못이 있다고 주장하는 이유가 무엇일까? 이 사건에는 단순한 법적 판단만으로 해결될 수 없는 복잡한 사정이 개입되어 있을 수 있다는 생각이 들었다.

심사 과정에서 '아파트 규모나 업무량에 비해 관리소 직원 수가 적고, 필수적인 자격증 소지자도 없는 등 지나치게 경비절감만을 고려해 관리가 이루어졌다', '비상경보장치 미작동과 같은 자동설비의 하자는 관리소장의 책임으로 볼 수 없지 않느냐'는 심사보상위원들의 예리한 지적과 질의가 있었고, 유사 사례와 판례에 대한 의견교환 등이 이루어졌다. 당사자인 관리소장들은 관리상 책임이 있다고 볼 제반 상황들에 대해 주장했지만, 자세히 들어보니 실은 그보다 더 중요한 사연이 있었다. 그것은 지방도시의 특성상 아파트 사고에 대해 개인적으로 배상하지 않는 소장이라는 낙인이 찍히면 어느 위탁관리업체나 입주자대표회의도 자신을 채용하지 않을 것이라는 우려였다.

법적 판단 이전에 자신의 생계 문제가 걸려 있다는 말에 심사보상위원들의 고민도 깊어졌다. 같은 유형의 보험상품을 판매하는 일반 회사의 경우, 보험금 지급을 받으려면 판결문을 첨부해야 한다고 하니 이런 문제는 애당초 고려의 대상도 아니다. 하지만 주택관리사협회의 공제사업단이다 보니 이 같은 처지에 대한 공감대가 있어 쉽게 판단을 내릴 수 없었다. 최종적으로 관리소장의 책임이 인정될 수 없는 한 개 단지는 보상이 부결되었고, 일부 관리상 책임이 인정되는 단지의 사고에는 책임의 정도에 합당한 비율로 피해액의 일부를 보상하는 것으로 결론이 내려졌다.

관리소장이 처한 열악한 근무환경과 취업여건 등을 고려하면 모두 보상해주는 것이 바람직하다. 하지만 공제사업단의 결정은 앞으로 유사사례에 대한 선례가 되고 법률적 기준에 맞게 보상이 이루어지지 않을 경우 공제사업 자체가 부실해질 수 있다는 원칙적 판단이 중요하게 고려되었다. 당사자들이 마음으로 승복하고 있는지는 지금도 알 수 없다. 하지만 관리소장의 업무범위를 명확히 하고, 장기적으로는 주택관리사들의 근무환경과 공동주택관리 문화를 선진화하는 데 공제사업이 중요한 걸음마를 내딛고 있다는 점을 너그러이 이해해주길 바란다. 필자도 그 일원으로 최선을 다할 생각이다. (2010년 7월 28일)

#관리사무소장의 손해배상책임 #대한주택관리사협회 #공제사업단 심사보상위원회

> 필자는 주택관리사공제 심사보상위원을 역임한 후 공제사업단 운영위원으로 자리를 옮겨 공제사업 전반의 운영에 관한 의견개진을 할 수 있는 더 큰 역할을 부여받았다. 두 자리를 거쳐 가며 주택관리사공제가 안착되는 데 미약한 힘이나마 보탠 것은 큰 보람이었다. 현재는 필자의 회사 후배들인 최승관, 김미란 두 변호사가 이 자리를 이어받아 공제사업 활성화에 애쓰고 있어 고마울 따름이다.

주택관리업자 선정은 적격심사제가 제격

필자는 최근 '공동주택관리와 하자보수'라는 주제로 전국 9개 도시를 순회하면서 강의를 하고 있다. 많은 공동주택 관리사무소장이 흥미진진하게 강의를 듣고 많은 질문을 한다.

특히 주택법 시행령 개정에 따라 국토해양부 장관이 고시한 '주택관리업자 및 사업자 선정지침'에 관한 질의가 많았다. 아직까지 아파트관리 실무 현장에서 이 지침에 따른 입찰이 이뤄지지 않고 있다는 실태 보고가 있어 큰 혼란이 있을까 걱정했다. 하지만 생각보다 훨씬 많은 공동주택 관리사무소장과 입주자대표는 이 지침의 취지와 내용 등을 잘 알고 있었고, 일부에서는 업체선정에서 이미 이 지침을 따르고 있음을 확인했다.

국토해양부 장관이 고시한 지침은 주택법 시행령의 위임에 따라 업체선정의 절차와 방법을 직접 규정한 것으로, 지침의 내용들이 주택법 시행령 관련 규정에 포섭돼 법규를 보충하는 효력을 가진다. 따라서 강행법규에 해당하고 이 지침에 반해 이루어진 입찰절차나 업체선정은 무효라는 것이 필자의 견해다.

사정이 이와 같다면 이 지침이 아파트관리에 미치는 영향력은 실로 막대하다. 전국 아파트 단지의 주택관리업체와 용역, 공사업체 선정에 전반적으로 적용되니 공동주택관리 문화나 관련 업체들의 이해관계에도 지대한 영향을 미칠 수밖에 없다. 정부가 주택법 시행령을 개정하고 지침을 마련한 취지에는 필자도 충분히 공감한다. 주택관리업체 등의 선정을 경쟁입찰로 진행하도록 함으로써 투명성과 공정성을 확보하려는 의도는 충분히 이해가 된다. 하지만 이 지침에 대해서 몇 가지 아쉬움도 남는데, 대표적인 것이 업체선정을 최저가낙찰제로 하도록 한 점이다.

대한민국 경제는 자유시장경제를 근간으로 한다. 자유시장경제 체제에서는 상품이나 용역의 가격을 직접 통제하거나 거래 상대방을 제한하는 것이 원칙적으로 허용되지 않는다. 이를 통제하기 위해서는 고도의 공익적 목적이 전제되어야 하고, 제한도 필요최소한에 그쳐야 한다는 한계가 있다.

최저가로 입찰한 업체를 선정하도록 강제하고 있는 국토해양부 고시는 자유시장에서의 거래 상대방 선택의 자유를 직접 제한하고, 상품이나 용역 가격을 간접적으로 통제하는 방식이다. 그렇다면 이 지침에 자유시장경제 원칙의 예외를 두고자 하는 공익적 목적은 과연 무엇일까? 관리비를 절감해 입주자 등의 경제적 부담을 최소화한다는 것? 주택관리업체 등 공동주택 관련업체들의 가격경쟁력을 강화시키는 것? 그 어느 것도 계약 당사자 간의 상대방 선택 자유와 가격결정의 자유를 박탈할 만큼의 공익성으로는 보이지 않는다.

이제 공동주택 입주자들에게는 비용이 다소 높더라도 만족스런 용역을 제공하는 업체를 선택할 자유는 사라진 셈이다. 게다가 주택관리업체뿐만 아니라 하자보수보증금을 사용한 보수공사업체, 각종 용역업체 등의 선정에도 경쟁입찰과 최저가낙찰제를 적용한다니 제한의 필요최소성 원칙에도 부합하지 않는 과잉규제의 의심이 짙다.

3~4년 전쯤 필자는 3,000가구가 넘는 대단위 아파트 단지에 거주한 적이 있다. 당시 주택관리업체는 3.3제곱미터당 1원의 위탁수수료를 제시해 낙찰됐다. 약 29만 8,000제곱미터의 관리면적을 가진 대단지의 위탁관리업체가 한 달에 9만 원 남짓을 수수료로 가져가니 적자를 면치 못했을 것이다. 이런 상황에서 제대로 된 관리를 기대하지 않는 것은 필자뿐이었을까?

국토해양부의 질의회신에 따르면 위탁관리수수료를 0원으로 제출한 자의 입찰은 입찰가격의 중요 부분이 불분명해 지침위반으로 무효라고 한다. 위탁관리수수료를 0원으로 하나 1원으로 하나 본질적 차이가 없음에도 0원은 무효고, 1원은 유효다. 위탁관리업체의 과당경쟁이나 실적쌓기 경쟁에 선량한 희생자들이 양산될 수 있는 지침은 개선되어야 할 것이다.(2010년 9월 1일)

#주택관리업자 및 사업자 선정지침 #최저가낙찰제 #적격심사제

> 필자와 같은 걱정이 많아서였는지, 2012년 12월 12일 국토해양부고시 제2012-885호로 주택관리업자 및 사업자 선정지침이 개정되어 적격심사제가 업체선정의 원칙이 되었고, 최저가낙찰제는 관리규약의 근거가 있는 경우에 채택할 수 있는 보충적 선정방식으로 변경되었다. 참으로 다행스러운 일이다.

오피스텔에도 주택법을 적용하라

필자는 최근 오피스텔 건물의 관리단 구성과 관련한 소송을 두 건 정도 진행 중이다. 입주한 지 5년 이상 지난 오피스텔임에도 최초 관리단 구성 시점부터 집합건물 관리규약의 제정이나 관리인 선출 등이 적법하게 이루어지지 못했다. 그래도 몇 년간은 분양자가 공동주택관리규약을 본떠 임의작성한 오피스텔 관리규약과 구분소유자 다수 지지를 받는 사실상의 관리단위원회가 오피스텔 건물을 관리하고 있었는데, 구분소유자들 간 관리비 분담에 관한 협의가 결렬되면서 이해관계인들은 벌써 여러 차례 송사를 치러왔다. 분쟁이 마무리되기까지는 많은 시일이 소요될 것으로 보인다.

오피스텔은 건축허가부터 분양, 입주까지 주택법의 적용을 받지 않는다. 그러다 보니 분양계약과 관련한 분쟁도 많고 주거에 부적합한 환경으로 건축되는 경우도 많다. 입주 후에도 불법 용도변경이나 잦은 전출입으로 관리에 더 많은 품이 들어간다. 하지만 오피스텔관리에 '주택법'이 적용되지 않고 '집합건물의 소유 및 관리에 관한 법률'이 적용되다 보니 관리규약 제정이나 관리인의 선임은 구분소유자들의 참석이 요구되는 관리단 집회를 거치거나 80% 이상이 동의하는 서면결의라는 엄격한 절차를 거쳐야만 한다. 하지만 투자 목적의 구분소유자가 많은 현실 때문에 이러한 절차를 제대로 거쳐 구성·운영되는 오피스텔 건물 관리단은 매우 드문 형편이다.

최근에도 대형 오피스 건물의 화재사고로 애꿎은 관리소장과 설비책임자 및 환경미화원이 형사입건되고 많은 피해자가 양산된 사례가 있었다. 집합건물관리의 전문가인 주택관리사와 주택관리업체가 오피스텔을 관리해야 할 필요성은 매우 절실하고, 또 실제 관리도 이들에 의해 이루어지고 있는 것이 사실이니, 법과 현실의 괴리가 크다.

주택법의 개정으로 공동주택과 주택 외의 시설(오피스텔이나 상가)을 함께 건축한 주상복합건축물의 경우에도 공동주택관리에 관한 주택법 조항이 적용되고 있다. 그렇다면 사실상 주택 용도로 사용되는 오피스텔 건물에 대해도 공동주택관리 관련 주택법 조항을 적용하는 것이 형평에도 맞다. 20세대 남짓의 아파트와 그 몇 배의 오피스텔이 공존하는 주상복합에는 주택법을 적용하면서, 공동주택이 없다는 이유로 단순 오피스텔 건물에는 주택법 적용을 배제하는 것이 전혀 합리적이지 않기 때문이다.

주택법 제2조 제1의 2호 및 같은 법 시행령 제2조의 2 제3호는 건축법 시행령 별표 1 제14호 나목에 따른 오피스텔 또한 준주택으로 분류해 주택법의 적용 가능성을 열어놓고 있다. 따라서 주택법 자체를 개정할 필요도 없이 주택법 시행령 제46조만 개정해도 오피스텔에 공동주택관리 관련 주택법 조항을 적용하는 것이 가능하다. 이는 정부 관련부처의 의지로도 충분하다는 이야기이다. 다행히 최근 일부 국회의원들이 이러한 입법 개선작업을 준비 중이라고 한다. 늦은 감이 있지만 이러한 움직임이 순항하길 기대한다.(2010년 12월 1일)

#오피스텔 건물 관리단 #오피스텔 관리규약 #주상복합건축물

공동주택관리의 선진화를 위하여

지난 14일 대전시청 대강당에서 열린 대한주택관리사협회의 정기총회에 참석했다. 여러 훌륭하신 내외빈을 모신 자리에 필자를 초청해주신 김찬길 회장님 이하 임원들과 사무국에 이 지면을 빌려 감사의 말씀을 전한다. 국회 국토해양위 간사인 최규성 국회의원과 김홍립 전임 회장을 비롯한 역대 회장님들, 한국아파트신문사 유재용 발행인 등 유수한 분들의 축하와 참여 속에서 총회는 순조로이 시작되었다. 국회 국토해양위원장인 송광호 의원의 영상축사는 협회의 위상과 최근 활동상을 대변하는 듯해 뿌듯한 마음이 들었다. 감사패와 공로패 수여, 우수지부와 회원 등에 대한 시상은 공동주택관리에 관한 그동안의 공헌을 양지로 드러내 축하한다는 의미에서 흐뭇했고, 모두 상에 합당한 분들이 시상대에 올라 절로 박수가 나왔다. 전반적으로 협회의 위상에 걸맞은 세밀한 준비와 공정한 운영이 그 자리에 참여한 외부인조차도 자랑스러움을 느낄 만했으니 얼마만큼 애썼을지 능히 짐작이 간다.

주택관리사제도가 도입된 지 23년이 지났고, 대한주택관리사협회가 사단법인을 거쳐 법정단체로 설립된 지도 7년 가까이 흘렀다. 정기총회에서 드러났듯, 협회는 이제 어느 전문직 협회 못지않은 조직체계와 위상을 잡아가고 있다. 또한 공동주택관리의 선진화 방안으로 일컬어지는 여러 제도개선이 행정부와 지자체에서 속도경쟁이라도 하듯 숨 가쁘게 추진되고 있다. 그런데 그 과정이 이해당사자들의 충분한 의견수렴과 세밀한 검토 없이 진행되고 있는 점은 아쉽기 짝이 없다. 대한민국 국민의 50% 이상이 공동주택에 거주하고 있다고 하지만, 실제로 공동주택관리를 어떻게 선진화해야 할지 의견을 제시하고 대안을 창출해낼 전문성과 조직력을 갖춘 것은 대한주택관리사협회가 유일하다시피 하다. 협회가 최선의 노력을 경주하고 있고 나날이 발전된 모습을 보여주고 있음에도 한층 더 분발해주길 바라는 것은 이러한 척박한 현실에 대한 안타까움 때문이다.

협회가 국토부와 각 지자체, 학자와 여러 실무전문가들을 리드하고 새로운 정책에 관여할 수 있는 역량을 발휘하려면 내부의 결속력과 단합된 의지가 전제되어야 한다. 협회는 탁월한 집행부 몇 사람의 능력으로 끌어갈 수 있는 단계를 이미 넘어섰다. 시도지회와 각 지부를 비롯한 주택관리사들 전체의 힘의 결집이 요구되는 시기이다. 이러한 관점에서 보면 총회에서 일부 대의원들의 모습과 그에 대한 협회의 대응은 일말의 아쉬움을 남긴다.

협회의 총회는 정관과 상위법령이 정한 절차에 따라 치밀한 준비를 통해 이루어짐에도 총회 현장에서 안건 상정을 요구하는 대의원들과 이러한 상황을 사전에 조율하지 못한 협회의 미숙함이 총회의 마지막을 아쉽게 만들었다. 민주주의와 단체 자치는 그 내용의 정당성뿐 아니라 절차적 정당성도 동시에 요구한다. 협회의 총회는 참여한 대의원들뿐만 아니라 전체 주택관리사들의 이해관계에도 중대한 영향을 미치는 중요사항들을 결정한다. 대한주택관리사협회와 같은 큰 단체에서 사전에 공고·고지되지 않은 안건을 회의 당일에 상정해 처리하지 않는다는 것은 상식에 속한다고 보아야 할 것이다. 사전에 협회에 총회의 안건 상정을 요구하고, 협회가 이를 심도 깊게 심의해 상정여부를 판단해 미리 공지했다면 이런 아쉬움은 없지 않았을까?

대한주택관리사협회 총회는 주택관리사들의 축제의 장이 되어야 하고, 공동주택관리 선진화를 바라는 모든 사람들의 기대를 모으는 자리여야 할 것이다. 다음 총회에서는 99%의 완성도에 1%를 더 얹어 주시길.(2011년 1월 5일)

#대한주택관리사협회 #주택관리사제도

공동주택관리행정도 주택관리사가

　국토해양부의 주택관리업자 및 사업자 선정지침은 경쟁입찰을 일반경쟁입찰, 제한경쟁입찰, 지명경쟁입찰로 구분하고 있다. 그리고 2회에 걸쳐 경쟁입찰이 유찰이 될 경우 3회째에는 수의계약이 가능하도록 규정하고 있다. 그런데 수의계약이 가능한 입찰의 종류를 일반경쟁입찰로 제한해 해석할 것인지, 아니면 모든 종류의 입찰에 다 허용된다고 보아야 하는지 논란이 되고 있다.

　문제가 된 사례는 이렇다. 대전의 한 아파트에서 제한경쟁입찰에 따라 주택관리업체를 선정하고자 했으나 2회 유찰되었다. 입주자대표회의에서는 국토해양부의 지침에 따라 수의계약을 체결했는데, 관할 지자체에서는 지침 제12조 제3항 단서의 수의계약 근거는 일반경쟁입찰의 경우에만 해당된다는 이유로 주택관리업자를 재선정하라는 내용의 시정명령을 내렸다. 일반경쟁입찰의 경우에만 2회 유찰

후 수의계약이 가능하다는 입장은 국토해양부의 지침에 대한 유권해석이기도 하다. 아파트 입주자대표회의에서는 이와 같은 시정명령이 아무런 법적 근거 없이 지침을 지나치게 제한적으로 해석한 것이므로 부당하고, 설혹 지침을 위반했다 하더라도 위·수탁관리계약이 사법상 무효가 아닌 이상 관할관청이 업자를 재선정하라고 시정명령을 내리는 것은 잘못이라고 주장하며 소송을 제기했다.

이에 대해 대전지방법원은 아파트의 주장과 같이 지침 제12조 제3항 단서 조항은 일반경쟁입찰뿐만 아니라 제한경쟁입찰의 경우에도 적용되는 것으로, 이를 일반경쟁입찰로 한정해 해석할 아무런 법적 근거가 없다고 판단했다. 애초부터 수의계약을 할 목적으로 제한경쟁입찰을 가장하는 등 단서조항을 악용한 경우가 아니라면 제한경쟁입찰이 2회 유찰되면 수의계약이 가능하다는 것이다.

필자는 관할관청인 구청이나 국토해양부가 위와 같이 제한적으로 해석하는 특별한 근거나 논리가 있을 듯해 지침과 상위법령인 주택법과 그 시행령, 시행규칙 등을 꼼꼼히 살펴보았다. 하지만 놀랍게도 위와 같이 해석할 법령상의 근거는 찾을 수 없었다. 아마도 경쟁입찰을 회피하고 유찰을 가장해 수의계약을 관철시키려는 일부 몰지각한 입주자대표들을 견제하려는 의도였던 듯싶다. 하지만 아무리 바람직한 행정목적의 달성을 위해서라도 그 수단은 법령의 근거를 가져야 하는 것이 법치주의의 기본 아닌가? 그리고 의도적으로 경쟁입찰을 회피하고 유찰을 가장하는 등 지침을 무력화하려는 아파트가 얼마나 될까? 이를 막기 위해 지침의 해석을 문리적 의미와 다르게 한다는 것은 원칙과 예외를 뒤바꾸는 것이고, 빈대 잡으려고 초가삼간 태우는 격이다.

이 사례에서 드러나듯이 지자체나 국토해양부에는 공동주택관리의 실제와 현황을 잘 아는 전문가들이 포진해 탁상행정, 편의주의 행정이 아니라 공동주택 거주자들에게 진정 도움이 되는 행정을 펼칠 수 있어야 한다. 공동주택관리 관련 행정의 중요성이 나날이 높아지고 있음에도 지자체와 국토해양부의 전문인력 확보와 더욱 세심한 행정서비스 발굴에 대한 노력이 미흡해 답답하기 이를 데 없다.

그나마도 최근 기초자치단체의 주택관리사 채용 전례를 따라 광역지자체로서는 처음으로 인천광역시가 주택관리사를 8급 지방계약직 공무원으로 채용한 것은 매우 반갑고 바람직한 일이다. 공동주택관리 실무의 최전선에서 활동했던 주택관리사가 가진 경험과 전문성을 바탕으로 인천광역시가 보다 현장에 밀착된 행정서비스를 제공할 수 있기를 바라 마지않는다. (2011년 5월 4일)

#주택관리업자 및 사업자 선정지침 #기초자치단체에서 주택관리사 채용

주택관리사 단체의 난립에 대한 우려

　한국주택관리협회를 중심으로 한 한국관리소장협의회(이하 한관협)의 설립 움직임이 본격화되면서 여러 잡음과 마찰이 나날이 격해지고 있다. 위탁관리회사들이 사실상 주도하고 있는 한관협의 설립의도가 의심받고 있고, 준비 과정에서 일부 드러나고 있는 소속 관리사무소장들에 대한 가입의 강제와 이를 거부하는 관리사무소장들에 대한 불이익 처분 등이 논란이 되고 있다. 이에 관해서는 벌써 대한주택관리사협회 본회와 경기도회에서 일부 불법행위에 대한 고발장을 접수한 상황이며, 불이익을 당한 관리사무소장에 대한 여러 지원조치 및 민·행정상의 법적 조치도 공언하고 있다. 그에 반해 해당 위탁관리회사를 비롯한 한관협 주도세력도 음해라고 주장하면서 맞대응한다는 입장을 밝히고 있으니 쉽게 종결될 사안은 아닌 듯하다.
　주택관리사들이 단체를 만들어 공동주택관리에 대한 연구, 정보교류, 지위개선 등을 위해 노력하는 것은 지극히 당연할 뿐 아니라 권장할 일이다. 헌법상 단체·결사의 자유까지 가지 않더라도 주택법 자체에서 이미 주택관리사들의 협회 설립을 보장하고 법정단체로서의 지위와 권한을 인정하고 있다. 주택법 제81조 제2항부터 4항, 제82조 제1항, 2항에서 "주택관리사 등이 국토해양부 장관의 인가를 득해 법인인 주택관리사 단체를 설립할 수 있"도록 규정하고 있고, 더해 주택법 제81조의 2에서는 이같이 설립된 협회가 관리사무소장의 손해배상책임을 보장하기 위한 공제사업을 할 수 있도록 허용하고 있다. 이 같은 주택법 조항에 근거해 대한주택관리사협회가 법정단체로 설립되어 공제사업까지 운영하고 있는 것이 현실이다.

그렇다면 대한주택관리사협회 외에 별도의 주택관리사 단체를 만드는 것이 허용되는지, 허용된다고 하더라도 그것이 필요한지를 꼼꼼히 따져볼 필요가 있다. 주택법령을 보면 주택관리사의 단체를 반드시 하나만 허용해야 한다는 규정은 없는 것이 사실이다. 주택법 제82조 제1항 제2호를 보면 주택관리사 단체의 설립은 공동주택의 관리사무소장으로 배치된 자의 5분의 1 이상이 발기인이 되어 정관 작성, 창립총회 개최, 국토해양부장관의 인가를 받으면 되기 때문에 문구상으로만 보면 복수의 주택관리사 단체의 설립도 가능한 것으로 해석될 소지가 있다.

하지만 이러한 해석은 섣부른 것이다. 주택관리사 단체의 설립에 관한 국토해양부 장관의 인가처분은 재량행위이지 기속행위가 아니다. 법이 정한 요건을 갖추어 제2, 제3의 주택관리사 단체가 설립인가를 신청하더라도 국토해양부 장관은 공익적·합목적적 판단에 따라 인가를 거부할 수 있다. 실제로 우리 대법원에서는 부동산중개업법에 의한 전국부동산중개업협회가 이미 설립되어 있고, 난립되어 있는 전국부동산중개인협회, 전국여성공인중개사회, 공인중개사총연맹 등의 설립인가신청도 우려된다면서 한국공인중개사회의 설립인가를 반려한 것은 적법하다는 판시를 한 바 있다(대법원 1996. 9. 10. 선고 95누18437 판결).

    복수의 주택관리사 단체가 설립되어 활동할 경우의 여러 복잡한 문제를 모두 따져보는 것은 지면이 허락하질 않는다. 하지만 상식적으로만 생각해도 주택관리사들의 힘을 하나로 모으는 것과 여러 갈래로 분산시키는 것은 그 응집력과 추진력에 상당한 차이를 보이게 마련이다. 여러 협회가 난립해 전문직의 권익옹호라는 협회의 사명을 제대로 다하지 못하는 건축사, 공인중개사 등의 선례를 반면교사로 삼을 일이다. 더구나 주택관리사의 협회는 공제사업이라는 막중한 임무를 떠안고 있지 않은가?(2011년 9월 7일)

#한국관리소장협의회 #위탁관리회사 #대한주택관리사협회 #주택관리사단체

배우고 또 익히는 주택관리사들

필자는 이번 주에 대구와 부산, 울산을 다녀왔다. 약 1,000킬로미터의 주행거리였다. 지난주에도 광주와 대전을 다녀오느라 많은 시간이 걸렸다. 새벽 세시쯤에야 모든 일정을 마치고 귀가하니 몸은 이미 파김치가 되어 있었다. 작년 이맘때에 이어 두 번째로 대한주택보증에서 주최하고 대한주택관리사협회에서 주관하는 "공동주택 관리와 하자보수"에 관한 교육 프로그램에 강사로 초빙되었다. 관련 법령과 판례에 관한 두 시간의 강의를 전국 10대 도시를 순회하며 진행하였다.

작년에 비해 두 배 규모로 계획된 이번 교육 프로그램에 참가한 관리사무소장님들을 비롯한 관리직원, 건설회사 임직원, 입주자대표들의 호응은 뜨거웠다. 바뀐 주택법 시행령과 관리규약준칙, 사업자 선정지침의 시행 등에 따른 법적 분쟁과 판례가 1년 사이에 무수히

쌓였다. 이를 수집해 분석하고 정리하면서 강의 준비를 하는 것은 꽤 힘든 일이었다. 하지만 이런 고생도 수강생들의 열띤 호응으로 말끔하게 보상받은 기분이었다.

공동주택 전문변호사로 활동한 지도 10년이 되었다. 아파트신문에 법률상담과 칼럼을 게재하기도 했고, 주택관리사협회나 입주자대표연합회 등의 법률고문을 맡아 법률지원활동을 하기도 했다. 처음엔 주택법령에 공동주택관리와 관련한 조문 자체가 몇 개 되지 않았고, 송사를 비롯한 분쟁도 많지 않았다. 그 후 점차 조문의 수도 늘어나고, 관리규약준칙의 개정과 고시 제정 등으로 공동주택관리와 관련된 법률 문제는 점차 더 복잡해지고 다변화되었다.

한편, 민주화와 정보화가 눈부시게 진행되면서 아파트 입주민들이 요구하는 관리서비스의 질은 비약적으로 높아지고 있다. 공동주택관리 관련 종사자들이 느끼는 압박감과 책임감 또한 비례해 무거워질 수밖에 없다. 전문적 지식과 최신 정보로 무장하지 않고서는 공동주택관리 종사자로서의 위신과 활동이 위축되지 않을 수 없게 된 것이다. 반면 아직까지 공동주택관리 종사자들의 지식과 정보에 대한 요구와 기대를 충족시켜줄 재교육과 정보교류는 미흡한 실정이다. 주택관리사협회를 비롯한 여러 교육주체들이 마련한 교육 프로그램에 대한 공동주택관리 종사자들의 뜨거운 관심과 참여는 어쩌면 당연한지도 모른다.

10개 도시 약 1,000명의 공동주택관리 종사자들에 대한 강의가 한편으론 뿌듯하면서도, 거리나 시간의 한계로 더 많은 종사자들이 참여하지 못한 것이 아쉽기만 하다. 강의 기간인 한 달 동안 무수한 상담전화와 전자메일 질의가 쏟아졌다. 감당하기 어려울 정도의 다종다기한 문제에 대한 도움 요청이었다. 필자의 작은 노력이 문제해결에 도움이 되었다는 감사의 인사를 접하다 보면 보람을 느끼는 동시에 좀 더 많은 현장의 많은 공동주택관리 종사자들이 참여했다면 좋았을 것이란 아쉬움을 지울 수가 없다. 이러한 공동주택관리 종사자들의 배움에 대한 뜨거운 열의가 지속되는 한 공동주택관리의 전문화와 질 높은 전문가들의 지속적인 배출은 필연적으로 뒤따를 것이다. 이것이 필자가 강의에 적극적으로 참여하는 이유이기도 하다.

필자가 준비한 강의내용으로 공동주택관리 종사자들에게 지식과 정보를 전달했을 뿐만 아니라 필자 또한 현장의 소리를 들으면서 사고의 폭과 깊이를 더할 수 있었으니, 이번 교육과정에서 얻은 소중한 성과물들은 잘 가다듬어서 다음 기회에 다시 공동주택관리 종사자들에게 되돌려드릴 것을 약속드린다. (2011년 10월 5일)

#주택관리사 #대한주택관리사협회 #교육 프로그램

청소, 경비노동자들의 한숨

최근 강남의 모 아파트 단지에서 고령의 청소원, 경비원들에게 근무 중 사망하더라도 책임을 묻지 않겠다는 각서를 받았다고 한다. 용역업체에서 경비원들에게 요구한 것이라지만 관리사무소와 입주자대표들도 암묵적으로 이에 동의하거나 적어도 눈감아왔다는 것이다. 언론에 자주 오르내리는 그 아파트의 매매가는 청소원이나 경비원들이 매달 받는 급여를 한 푼도 쓰지 않고 평생 모아도 살 수 없을 만큼 비싸다.

감시·단속적 근로자들인 청소원과 경비원들은 최저임금제의 적용에서도 배제되어 있어 이들의 임금은 최저임금의 평균 80% 정도라고 한다. 2012년에야 비로소 최저임금제의 적용을 받게 된 청소원과 경비원들은 그나마도 인상된 임금이 아파트관리비 인상과 자신들에 대한 해고로 이어질까 두려워하고 있고, 차라리 최저임금제 적용을 보류해달라는 것이 압도적인 여론이라 한다.

그렇다면 이들의 근무환경은 어떠한가? 경비원들은 통상 24시간 맞교대 근무가 현실이다. 연장근무수당이나 특근수당이 없는 것은 당연하고, 휴가도 휴일도 마땅치 않은 경비원들은 집안 경조사에 빠지는 것은 물론 조상 제사도 모시지 못하는 경우가 허다하다. 청소원들은 건강에 유해한 작업환경에서 근무하지만 변변한 휴게시설도 없다. 비나 눈이 오면 마땅히 피할 공간도 없는 셈이다. 경비원과 청소원의 업무가 경비나 청소에만 국한되어 있는 것도 아니다. 대기업 계열사인 경비용역업체 직원들에게는 차마 시키지 못하는 아파트의 온갖 잡일도 청소원이나 경비원에게는 스스럼없이 주어진다. 이분들이 계시지 않으면 아파트관리가 어떻게 돌아갈지 생각만 해도 아찔하다.

상당수 대학들에서도 외부 용역업체를 통해 청소원과 경비원들을 고용해오다가 용역계약 해지라는 형식으로 해고한 사례가 여러 차례 주목을 받았다. 더 충격적이었던 것은 적립금을 수천억 원씩 쌓아놓은 대학들이 청소원과 경비원들에게는 최소임금에 수당도 없고, 점심값도 제대로 제공하지 않았으며, 휴게시설도 갖추지 않는 등 비인격적 대우를 해왔다는 것이었다. 심지어는 용역업체로부터 학교발전기금을 받고, 용역업체는 그 액수만큼 청소원과 경비원의 임금을 체불하기도 했다고 한다. 살인적인 대학등록금이라는 사회적 문제를 야기했던 대학들은 보이지 않는 곳에서도 비교육적 태도를 지속해왔던 셈이다. '진리의 상아탑'이라는 대학이 양심과 사회적 책임을 도외시했다는 비판으로부터 자유로울 수 없는 것은 당연하다. 부유한 대학과 아파트 단지의 상황을 단순 비교할 수는 없겠지만 본질은 사람에 대한 예의, 인격존중의 문제가 아닐까 한다.

아내는 명절 때마다 적절한 선물을 경비원과 청소원들께 건네드린다. 선물을 받으신 이분들은 너무나 기뻐하신다고 한다. 받은 선물의 가치를 떠나 이웃으로, 함께 더불어 사는 사람으로 대해주는 마음이 더 고마우신 모양이다. 그분들이 우리집 아이들을 바라보는 눈빛은 친손자를 볼 때의 그것과 다르지 않다.

아파트에 사는 우리들이 청소원, 경비원 어르신들을 우리 아버지와 어머니처럼 대해드릴 때 그 보답은 우리가 받는다. 청소원, 경비원 어르신들이 인간다운 대접을 받으며 일할 수 있게 해드릴 경제적 여유와 인간적 미덕이 정말 우리에겐 없는 것일까? 이 글을 쓰는 순간에도 70세의 경비원 한 분이 주차스티커 미부착 차량의 주차관리 문제로 입주자와 다투다가 그만 돌아가셨다는 뉴스가 들린다. 고인의 명복을 빌며, 우리의 아파트 단지에서 청소원, 경비원들이 숨어서 흘리는 눈물과 한숨이 없어지는 날이 어서 오기를 기원한다.(2011년 10월 26일)

#감시·단속적 근로자 #청소원 #경비원 #용역업체

공동주택관리 선진화를 위한 발걸음

2011년 신묘년은 벽두부터 공동주택 생활환경 및 정책에 관한 희망과 우려가 교차하며 시작되었다. 국토해양부가 야심차게 준비해 왔던 공동주택관리 선진화 정책이 본격적으로 추진될 것이 예상되었고, 주택관리사보 자격시험의 1, 2차 분리시행, 승강기와 놀이터의 CCTV 설치 의무화, 감시·단속적 근로자에 대한 최저임금 적용 예외 기간의 만료 등이 예정되어 있었다.

한 해가 가는 동안 예상했던 것보다 훨씬 많은 일들이 일어났다. 2010년에 이루어졌던 감사원의 '공동주택관리비 부과 및 집행실태'에 관한 특정감사 결과가 발표되어 공동주택 관련 종사자들의 간담을 서늘케 했다. 이를 반영해 국토해양부에서는 관리 선진화를 위해 관계 법령 등을 대폭 개선하겠다고 선언했고, 서울시 또한 표준관리규약을 개정하고 공동주택 투명화 및 공동체 활성화사업을 본격화했다. 더불어 국토해양부와 서울, 인천, 경기 등 수도권 지자체는 공동주택관리제도 개선을 위한 제도정비를 함께 추진하기로 합의하기도 했다.

국토해양부 고시 '주택관리업자 및 사업자 선정지침'을 둘러싼 관리현장의 혼란과 분쟁도 줄어들 기미를 보이지 않았다. 비록 패소로 마무리되기는 했으나 선정지침 제7조가 규정한 입찰공고의 제한을 두고 입주민들의 계약자유의 원칙을 침해한다는 행정소송이 제기되는 등 여러 건의 소송이 발생했고, ㈜전국아파트입주자대표연합회, ㈜한국주택관리협회 등이 고시의 폐지를 촉구하는 약 15만 명의 서명을 국토해양부에 제출하기도 했다.

그런 와중에 한국주택관리협회를 중심으로 한 '한국관리소장협의회' 설립을 두고 극심한 갈등이 빚어지기도 했으며, 수직증축 등 가구 수 증가를 불허한다는 국토해양부의 리모델링 정책은 수많은 신도시 입주자들을 비롯한 관련 당사자들의 원망의 대상이 되었다. 반면, 주택관리사만이 주택관리업 등록을 할 수 있도록 주택법의 개정이 이루어져 주택관리사의 오랜 숙원이 실현되었고, 주상복합아파트, 오피스텔, 복합상가 등 여러 형태의 집합건물관리에 관한 제 규정을 세밀히 가다듬은 '집합건물의 소유 및 관리에 관한 법률 개정안'이 여러 차례의 의견수렴과 공청회를 거쳐 최근 국무회의를 통과하기에 이르렀다. 집합건물법 개정시안은 시공회사의 하자담보책임을 규정했다는 데서 큰 의미를 갖고 있을 뿐 아니라 공동주택이 아닌 집합건물의 관리 선진화에도 일조할 것으로 기대되고 있다.

격변의 한 해에 주택관리사 협회의 도약도 눈부셨다. 공제사업단은 입찰, 계약, 하자 이행보증공제를 출시하면서 사업다각화를 도모했고, 전북 익산, 충북 제천, 경기 남양주에 이어 광역시로는 최초로 인천시에서 주택관리사를 공무원으로 채용케 하는 성과를 이루어냈다. 또한 협회는 직능단체 최초로 산업재해예방 우수기관으로 선정되어 국무총리의 표창을 받기도 했다. 다소간의 우여곡절을 겪긴 했지만 사옥을 마련함으로써 협회의 위상을 증진함과 동시에 주택관리사 회관 건립의 기틀도 닦았다.

2012 임진년이 다가오고 있다. 사나운 비바람과 천둥 번개 속에서도 승천하는 흑룡의 기세처럼, 공동주택 정책과 환경의 극심한 변화 속에서도 주택관리사협회를 비롯한 주택관리사들은 전문자격사로서의 자부심과 위상의 기틀을 세운 2011년을 넘어 더욱 비상하리라 믿어 의심치 않는다.(2011년 12월 28일)

#공동주택관리 선진화 정책 #주택관리사보 자격시험 #주택관리업자 및 사업자 선정지침

지자체의 공동주택 지원정책에 대한 기대

최근 일선 지자체들이 공동주택관리 지원정책을 앞다투어 추진하고 있다. 서울 강남구는 공동주택관리 투명성 확보 및 분쟁해소를 위해 '살기 좋은 아파트 만들기 종합 추진계획'을 발표했다. 계획에 따르면 담당공무원의 잦은 교체로 전문성이 떨어지는 문제를 해결하기 위해 장기근무자에게 인센티브를 부여하는 '공동주택관리업무 전담공무원'을 지정·배치하기로 했고 공동주택 우수관리사례 등을 담은 '공동주택관리백서'를 제작해 배포하기로 했다.

서울 송파구도 공동주택관리의 상생모델을 제시하기 위해 관련 전문가와 입주자대표, 관리사무소장이 참여하는 '공동주택관리포럼'을 개최할 계획이라 한다. 인천광역시는 동대표, 관리사무소장 등을 대상으로 '공동주택 이해관계인 아카데미' 개강을 앞두고 '찾아가는 공동주택 민원상담실' 운영, 공동주택 관련 민관 합동 연수 및 간담회 개최를 의욕적으로 추진하고 있다. 경기 성남시도 동대표와 입주민들을 대상으로 주택법령 및 관리규약, 공동주택 관련 분쟁사례 및 판례, 공동체 커뮤니티 활성화 계획 및 사례 등에 대한 교육 프로그램인 '공동주택 법률아카데미'를 운영한다고 한다. 참으로 손뼉치고 반길 일이다. 대한민국에서 공동주택 생활이 차지하는 비중이나 경제에 미치는 영향에 비해 그간 정부나 지자체의 관심이나 지원은 미약하기 짝이 없었다.

필자는 여러 지자체로부터 입주자대표 교육을 위한 강연, 공동주택 분쟁조정위원회를 비롯한 공동주택 관련 행정 등에 대한 참여 요청을 받는다. 경제적 이득이나 대단한 명예가 따르는 것은 아니지만, 가능하면 흔쾌히 응하고 없는 시간을 쪼개서라도 열심히 준비해서 참여한다. 그나마도 드물게 공동주택관리행정에 애쓰는 지자체의 정책이 지속적으로 유지되고 모범사례로서 인근 지자체로 전파되길 바라는 마음에서다.

하지만 공동주택관리에 관한 지자체의 지원이나 정책이 지속성을 띠고 운영되기란 상당히 어렵다. 담당공무원의 잦은 인사이동, 민선시대 자치단체의 단기성과지향적인 행정경향, 전 세계적인 경제의 불확실성과 국내 경기침체의 영향에 따른 지자체의 재정능력 부족 등이 공동주택 관련 시책의 연속성을 위협하고 있다. 하지만 이러한 장애들을 극복할 여지가 없는 것은 아니다. 자치단체장과 지방의회 의원들의 미래지향적인 사고의 전환과 지속적인 관심이 그 해답이다.

    필자는 지난해 말 한 지자체로부터 입주자대표를 대상으로 하는 강의를 의뢰받았다. 그 전 해에도 강의를 한 적이 있었고 당시 강의 평가가 좋았기에 더 큰 규모로 교육 프로그램을 기획했다는 말에 매우 반가웠다. 그러나 열심히 강의 준비를 하던 와중에 재정 문제로 강의가 취소됐다는 연락을 받았다. 강사료와 교재비 등 그리 부담없는 예산으로 수백 명의 입주자와 입주자대표들에게 전문적인 지식을 전달해줄 이벤트였는데, 무산됐다는 소식에 안타까움을 금할 수 없었다. 공동주택을 지원하는 지자체들의 최근 움직임이 전시행정이나 일선 공무원들에게 부담감만 전가하는 단기성 행사가 아니라 공동주택관리행정의 큰 흐름으로 이어지길 바라 마지않는다. (2012년 2월 29일)

#공동주택관리 지원정책 #공동주택관리업무 전담공무원 #공동주택관리백서

공개경쟁입찰의 의미

관리규약에서 주택관리업자 선정 시 공개경쟁입찰에 따르도록 규정했음에도 지명경쟁입찰로 관리업자를 선정했다면 중대한 하자이므로 무효라는 법원의 판단이 최근에 나왔다. 파장이 커질 우려가 있어 이번 기회에 상세히 살펴보기로 한다.

서울북부지방법원에서는 지명경쟁입찰 방식으로 관리업자를 선정하기로 결의한 아파트에서 일부 입주자 등이 제기한 관리업자선정결의효력정지가처분신청 사건에서 일부 효력정지 가처분결정을 내렸다. 재판부는 결정문에서 "이 아파트 관리규약은 주택법 시행령에 따른 '공개경쟁입찰' 방식에 따라 관리업자를 선정하도록 규정"했고, "주택관리업자 및 사업자 선정지침은 별표 1에서 경쟁입찰의 방법을 일반경쟁입찰, 제한경쟁입찰, 지명경쟁입찰로 구분하면서 일반경쟁입찰, 제한경쟁입찰에 대해서만 공개경쟁입찰이라는 용어를 사용"하고 있기 때문에 "공개경쟁입찰이 아닌 지명경쟁입찰 방식에 의해 이뤄진 관리업자 선정절차는 무효"라고 지적한 것이다. 과연 이러한 해석은 타당한 것일까?

재판부가 지적한 것처럼 주택관리업자 및 사업자 선정지침 중 입찰의 종류와 방법을 정한 별표 1에서는 경쟁입찰을 일반·제한·지명 경쟁입찰의 세 종류로 구분하고, 일반과 제한경쟁입찰을 설명함에 있어서만 '공개경쟁'이라는 표현을 쓰고 있다. 한편 모든 아파트의 관리규약 개정의 표준이 되는 각 시·도 표준관리규약에서는 "입주자 등이 관리방법을 위탁관리로 결정한 경우 입주자대표회의는 영 제52조 제4항에 따라 '공개경쟁입찰'로 주택관리업자를 선정한다"고 규정하고 있다. 그렇다면 각 시도에서 제정해 보급하고 있는 표준관리규약에서는 사업자 선정지침에서 정한 입찰방법 중 주택관리업자에 한해서는 일반과 제한경쟁입찰만을 허용하기 위해 '공개경쟁입찰'이라는 표현을 사용한 것일까? 이러한 해석대로라면 주택관리업자를 제외한 공사업자 및 용역업자의 선정 과정에서는 지명경쟁입찰이 허용될 수 있다는 이야기가 된다.

필자의 견해는 재판부와 다르다. 우선 주택관리업자와 그 외 공사업자 및 용역업자의 선정 과정에 차별을 둘 실질적인 이유를 찾기 어렵다. 지명경쟁입찰은 공사나 용역의 수행에 적합한 일부 업체를 사전에 지명해 그들을 경쟁시켜 낙찰자를 정하는 방식으로 공동주택 관리용역을 포함한 공사와 용역에 모두 유용한 방식이다. 또한 주택

관리업자 및 사업자 선정방법을 담은 사업자 선정지침 별표 4에서도 주택관리업자 선정을 위한 입찰방법을 경쟁입찰로 규정하고 있을 뿐 '공개경쟁입찰'로 제한하고 있지 않다. 보다 근본적으로 주택법 시행령의 위임을 받아 고시된 주택관리업자 및 사업자 선정지침에서 입찰의 방식을 일반·제한·지명경쟁입찰의 세 가지 모두가 가능하도록 규정하고 있는데, 각 시도에서 주택관리업자 선정의 경우에만 지명경쟁입찰을 배제시킬 의도로 표준관리규약을 작성했다고 보기 어렵고, 각 아파트에서 입주자들의 총의로 지명경쟁입찰을 배제하고자 관리규약을 개정했을 리도 만무해 보인다.

법규의 해석은 일차적으로는 문리해석을 시발점으로 한다. 따라서 일반과 제한경쟁입찰의 경우에만 공개경쟁이라는 표현을 쓴 것에 의미를 부여한 서울북부지방법원의 판단도 일리는 있다. 하지만 문리해석만으로 합당한 결론이 도출되지 않는다면, 문언이 가진 의미의 범위를 넘어서지 않는 한도에서 법규가 만들어진 취지, 법규가 적용될 대상의 현재 상황 등을 합목적적으로 고찰해 2차적 해석을 고려해보아야 한다. 주택관리업자의 선정에 있어서도 지명경쟁입찰은 관리규약에서 정한 입찰의 방법에 포함된다고 보아야 할 것이다.(2012년 3월 28일)

#관리업자 선정 #공개경쟁입찰 #지명경쟁입찰

주택관리업자 선정과 등록자본금 보유금액

국토해양부 고시 주택관리업자 및 사업자 선정지침에서 주택관리업자 선정 시 제출하도록 하고 있는 등록자본금 보유금액 증명서류가 가지는 의미에 대한 해석이 분분하다. 사업자 선정지침 제10조 제8호는 입찰에 참가하는 주택관리업자로 하여금 등록자본금의 보유금액 증명서류로서 일정 부실자산을 제외한 금융기관 예치 3개월 평균예금잔액 증빙서류 제출의무를 규정하고 있다. 반면 사업자 선정지침에서는 평균예금잔액 증빙서류를 제출치 아니하거나 3개월 평균예금잔액이 등록자본금에 미달하는 경우에 대해서 입찰의 무효사유로 규정하고 있지 않다. 제9조 제4호에서는 주택관리업등록기준에 따른 등록자본금을 갖추지 아니하거나 등록기준에 미달한 경우를 입찰참가자격 제한사유로 규정하고 있으나 3개월 평균예금잔액이 등록자본금에 미달한다고 해서 바로 이에 해당한다고 볼 수 있는

지도 의문이다. 따라서 3개월 평균예금잔액 증빙서류가 단순히 입찰에 첨부할 서류로서 입주자대표회의가 주택관리업자의 자본력을 심사할 자료에 불과한 것인지, 아니면 증빙서류를 미제출하거나 등록자본금에 미달할 경우에는 낙찰자의 자격을 부여할 수 없는 것인지 해석이 분분해지는 것이다.

최근 서울동부지법에서는 입주자대표회의가 '등록자본금 8억 이상, 3개월 평균예금잔액 2억 이상'으로 입찰공고를 내고 해당 요건을 갖춘 주택관리업자를 선정한 사례에서 "등록자본금이 많을 경우 평균예금잔액이 등록자본금에 이르기까지를 요구하는 것은 무리"이고, "입찰 과정에서의 하자가 투명성·공정성이 현저히 침해될 정도로 중대하고 누가 보더라도 낙찰자 결정이 선량한 풍속, 기타 사회질서에 반하는 행위에 의해 이뤄진 것임이 분명한 경우에 해당한다고 볼 수 없"다는 이유로 위수탁계약효력정지 등 가처분신청을 기각했다.

반면, 사업자 선정지침의 취지는 주택관리업자가 등록한 자본금 이상을 항상 보유함으로써 자본충실을 기함과 동시에 관리업무를 정상적이고 충실하게 수행하게 하고, 요건에 미달하는 주택관리업자에게는 관리업무를 수행할 기회를 제공하지 않도록 하려는 취지이므로 등록자본금에 미달하는 3개월간 평균 예금잔액만을 보유한 업체의 입찰참가는 무효이고, 그러한 업체와 체결한 수탁관리계약도 무효라는 대전지방법원과 수원지방법원 안산지원의 가처분결정도 있었다. 국토해양부의 질의회신도 같은 취지이다.

어느 분야에서도 회사에 자본금만큼의 예금보유를 상시적으로 의무화하고 있는 경우는 없다. 또한 자본금 대비 예금보유 비율로서 그 회사의 능력과 가능성을 단정하는 것도 매우 이례적이다. 주택관리업에 한해 일정 금액 이상의 예금을 항상 보유시켜 관리업무를 충실하게 수행하도록 유도할 필요성이 있다고 하더라도, 그것이 반드시 등록자본금에 연동되어야 하는지도 의문이다. 주택관리업체의 전문화·대형화를 유도하려면 등록자본금도 늘어나도록 해야 할 것인데, 그만큼 예금보유액도 늘려야 한다면 오히려 주택관리업체의 영세화라는 역효과를 불러올 수도 있다.

사업자 선정지침에 따라 최저가 낙찰제가 적용되는 바람에 주택관리업계는 고사상황으로 몰려가고 있는데, 등록자본금 보유 증빙서류의 문제까지 주택관리업계의 목줄을 죄고 있으니 참으로 안타까운 상황이다. (2012년 4월 25일)

#주택관리업자 및 사업자 선정지침 #등록자본금 보유금액 #평균예금잔액 증빙서류

등록자본금 보유금액 증명서류의 제출의무는 2012년 9월 11일 국토해양부 고시 제2012-600호로 개정되어 삭제되었다. 올바른 결정이다.

관리소장의 권한은 존중되어야 한다

　국토해양부 고시 주택관리업자 및 사업자 선정지침이 최근 개정되었다. 적격심사제의 도입, 총액관리비제도의 허용, 공동주택관리실적 증명제도 등을 담은 개정 고시는 일선에서 제기되었던 여러 문제점들에 대한 시정과 개선책이 담겨져 있다는 점에서 진일보한 것으로 평가된다. 하지만 몇 가지 우려스러운 점도 있는데, 그중 하나가 각종 공사와 용역업체의 선정을 위한 입찰 및 계약의 주체에서 관리사무소장을 배제한 것이다. 즉, 개정 고시는 주택관리업자와 하자보수보증금을 사용한 보수공사업체의 선정을 제외한 나머지 공사와 용역의 입찰 및 계약의 주체를 기존에는 관리주체와 관리사무소장으로 하던 것을, 관리사무소장을 제외하고 관리주체로만 한정했다. 자치관리에서의 관리주체란 관리사무소장을 말하는 것이므로 개정고시의 이러한 내용은 위탁관리에서만 문제가 된다. 기존 고시에 의하면

관리사무소장이 공사 및 용역업체 선정을 위한 입찰 및 계약의 주체가 될 수 있었으나 개정 고시에 따르면 관리사무소장이 아닌 주택관리업체만이 입찰 및 계약의 주체가 될 수 있다. 이런 개정 내용은 공동주택관리 전문가로서의 주택관리사제도를 도입하고 그 지위와 책임을 강화하는 방향으로 주택법령이 바뀌어왔던 흐름과도 부합하지 않는다. 최근까지 주택법령은 주택관리사협회를 법정단체화하고, 주택관리사의 손해배상책임과 공제사업을 법제화하였으며, 직무교육을 강화하는 등 주택관리사의 전문성과 책임을 강조해왔다. 그럼에도 불구하고 이번 개정 고시는 해당 아파트 공사와 용역의 입찰 및 계약이라는 주택관리사의 중요한 업무를 주택관리업자에게 전속시킴으로써 애써 쌓은 주택관리사의 역량을 유명무실하게 만들 여지를 남겨두었다.

현실적으로도 수많은 아파트 단지를 관리하는 주택관리업자보다는 해당 아파트의 현실과 운영실태를 가장 잘 알고 있는 주택관리사가 공사 및 용역업체의 선정업무에 더욱 적합하다. 수많은 분쟁과 시비가 불거지는 입찰과 계약의 특성상 현장성이 수반되는 즉각적 대처와 입주자대표회의, 입찰참여업체, 입주자 등 이해관계인 사이의 조율에 관한 적임자는 그 단지의 주택관리사이다. 입찰과 계약의 주체를 주택관리업자에 한정한다 하더라도 주택관리업자는 업무의 대부분을 해당 단지의 주택관리사에게 의존할 수밖에 없는 것이 현실이다. 개정 고시는 실제 해당 업무는 주택관리사가 처리하고 명의만 주택관리업자에게 귀속시키는 모순을 잉태하고 있다.

혹자는 이러한 개정 고시가 결국 주택관리업자들이 염원하는 총액관리비제도를 안착시키기 위한 사전수순이 아닌지 우려하고 있다. 고시 개정 이전에도 일부 몰지각한 주택관리업자들이 각종 공사 및 용역업체의 선정에 영향력을 발휘해 물의를 빚는 일이 발생하곤 했는데, 개정 고시가 이러한 여지를 더욱 넓혀줄 수 있다는 걱정은 필자만의 생각은 아닐 것이다.

지금까지 주택관리사들은 공동주택관리의 최전선에서 공동주택관리의 전문가이자 주택관리업자의 현장 대리인으로서 현장 상황에 기반한 고도의 전문성으로 관련 업무를 처리해왔다. 특별한 공익적 목적이 요구하지 않는 한 이러한 주택관리사들의 업무범위와 권한은 존중되어야 마땅하다.(2012년 10월 3일)

#주택관리업자 및 사업자 선정지침 #총액관리비제도 #관리사무소장

주택법과 집합건물법, 혼돈은 이제 그만

2012년 12월 18일 법률 제11555호로 집합건물의 소유 및 관리에 관한 법률(이하 '집합건물법')이 일부 개정되었다. 이번 법률 개정의 중요한 취지 중 하나는 개정 법률 제2조의 2가 잘 웅변해주고 있다. 제2조의 2는 "집합주택의 관리방법과 기준, 하자담보책임에 관한 '주택법'의 특별한 규정은 이 법에 저촉되어 구분소유자의 기본적인 권리를 해치지 아니하는 범위에서 효력이 있다"고 규정하고 있다. 이로써 집합건물법과 주택법의 관계는 다시 집합건물법이 우선적 효력을 가지는 것으로 정립되었다. 지면관계상 이번 개정 법률의 모든 내용을 다룰 수는 없고, 중요한 사항 두 가지만 지적하기로 한다.

우선 집합건물의 하자담보책임 관련 조항들이다. 사업주체의 하자담보책임에 관해 집합건물법보다 주택법을 우선 적용하도록 했던 주택법 제46조 제1항의 관련 내용이 삭제되었다. 동시에 개정 법률

제9조는 분양자와 시공자의 하자담보책임에 대해 민법 제667, 668조를 준용하도록 했다. 다만, 민법 조항들에 따르면 분양자와 시공자의 담보책임 기간이 공종에 관계없이 10년으로 장기화된다는 지적에 따라 개정 법률 제9조의 2에서 건물의 주요 구조부 및 지반공사의 하자는 10년, 그 외의 하자는 5년의 범위에서 대통령령으로 정하는 기간으로 담보책임 기간을 세분화했다. 이렇게 되면 주택법상의 하자보수책임 기간과 집합건물법상의 하자담보책임 기간은 거의 차이가 없어진다. 집합건물법의 하자담보책임 조항 개정에서 의미를 가지는 것은 시공자의 수분양자에 대한 담보책임을 직접 인정했다는 것뿐이다. 그런데 제9조 제3항에 따르면 시공자의 수분양자에 대한 손해배상책임은 분양자에게 회생절차개시신청, 파산신청, 해산, 무자력無資力 또는 그 밖에 이에 준하는 사유가 있는 경우에만 인정된다. 시공자의 수분양자에 대한 담보책임이 인정되는 경우가 제한적이고, 그 제한적 경우도 대부분 기존 법제도하에서 수분양자들이 채권자 대위권을 통해 (분양자를 대신해) 시공자에게 손해배상청구가 가능한 경우에 해당된다. 이렇게 되면 하자담보책임에 관한 집합건물법의 개정은 집합건물법과 주택법의 관계정립을 했다는 선언적 의미 외에 다른 실효성은 거의 상실했다고 보아야 한다.

　관리단과 입주자대표회의의 관계도 미묘해졌다. 공동주택관리의 실무를 보면, 실제 공동주택의 관리는 주택법령에 근거한 입주자대표회의와 관리주체에 의해 이루어지고, 집합건물법에 따라 당연 성립하는 관리단은 관념적으로만 존재할 뿐이었다. 그런데 개정 집합건물법 제9조의 3에서는 분양자에게 집합건물 관리단 규약을 만들어 수분양자들에게 배포하고, 관리단 설립을 위한 관리단 집회 소집을 의무화하는 등 공동주택에서도 관리단의 조직을 강제화하고 있다. 이렇게 되면 주택법령상의 입주자대표회의, 관리주체와 집합건물법상의 관리단, 관리인이 병존하게 되는데, 두 단체의 역할과 기능의 차이가 명확치 않으니 분쟁의 소지가 된다.

두 단체의 조화로운 활동이 가능할 수 있도록 운영원리와 역할, 기능을 매뉴얼화해 교육시키는 등의 활동(물론 엄청난 노력과 지원이 필요하다)이 뒤따르지 않으면 집합건물법의 개정에도 불구하고 관리단의 실제적 활동은 요원해지고 법 조항은 사문화될 우려가 있다. 반대로 두 단체가 모두 활성화되더라도 권한의 다툼, 책임 떠넘기기 등으로 아파트 단지가 엄청난 혼란에 빠질 수도 있다.

공동주택에 두 가지 법률이 모두 적용되는 데 따른 혼란을 막으려고 시도된 이번 집합건물법 개정이 오히려 혼란을 더욱 심화시키는 것은 아닌지 걱정이 크다. (2013년 1월 2일)

#집합건물의 소유 및 관리에 관한 법률 #하자담보책임 #분양자와 시공자의 담보책임 기간

주택법과 관리소장의 손해배상책임

　2007년 4월 20일 주택법이 개정되면서 관리사무소장의 손해배상책임, 보증보험 등 가입의무, 사임 후 3년간 공탁금 회수 금지의무가 규정되고 주택관리사협회의 공제사업제도가 신설됐다. 당시 주택관리사를 비롯한 공동주택관리 관련 이해당사자들 사이에서는 이와 같은 규정과 제도의 신설을 두고 많은 의견제시와 대립이 있었다. 필자 또한 소신에 따라 개정 규정과 제도의 신설에 반대하는 의견을 피력했고, 여러 토론 자리에서도 이같이 주장한 바 있다. 우여곡절을 거쳐 개정 주택법이 시행되면서 필자는 주택관리사협회 공제사업 심사보상위원을 거쳐 현재는 공제사업운영위원으로 활동하면서 공제사업의 중요한 의사결정에 참여하는 막중한 임무를 수행하고 있다.
　그런데 지난해 말 헌법재판소에서 위 개정 주택법 조항에 대한 헌법소원사건을 기각하는 결정을 했고, 이 결정문을 접하면서 관련

법조항과 공제사업제도가 갖는 의미를 재삼 곱씹어볼 기회가 있었다. 헌법소원을 제기한 주택관리사들의 문제제기는 당시 필자가 반대의견을 피력한 근거와 일맥상통한다. 우선 개정 법조항은 관리사무소장이 입주자대표회의나 주택관리업자의 피용자라는 측면은 도외시하고 입주자들에 대한 수임인 지위라는 측면만을 강조했다. 또한 유사 전문직종인 세무사, 법무사, 공인회계사 등은 독립된 사업자로서 고유의 재량을 갖고 업무를 수행한다는 점에서 주택관리사와 다른 차별점이 존재하고, 오히려 주택관리업자에게 종속됐다는 점에서 유사한 지위에 있는 세무법인, 회계법인 소속 세무사, 회계사 등에게는 고객에 대한 손해배상책임이나 보증보험 가입의무가 없다는 점에서도 개정 주택법 조항은 부당하다는 것이다.

결론적으로 주택법령이 인정하고 있는 주택관리사의 관리주체로서의 여러 권한(공동주택 공용부분의 유지·보수 및 안전관리 등의 업무, 관리비 등 징수권한)을 감안했을 때, 자치관리·위탁관리를 불문하고 주택관리사의 피용자로서의 지위보다는 수임인으로서의 성격이 더욱 우선하는 것이라고 헌법재판소는 판단했다. 또한 법률에 의해 법정자본금과 손해배상준비금의 유지·적립이 강제되는 세무법인, 회계법인에 비해 주택관리업자는 경제적으로 불안정하고 신용이 부족한 것이 현실이므로, 피용자이지만 실제 업무에 종사하는 관리사무소장의 손해배상책임을 인정하고 공제가입을 강제하는 것이 업무특성을 고려한 합리적 차별이라고 보았다. 헌법재판소의 현실인식과 법리적 판단을 필자도 수긍할 수밖에 없다. 필자가 주택법 개정에 앞서 대안으로 제시했던 입주자대표회의, 주택관리업자의 손해배상책임과 그에 대한 보험가입 강제 등은 현시점에서도 요원해 보인다. 주택관리사에게 용역 및 공사업체 선정의 주체로서의 지위부여, 주택관리사에 한한 주택관리업 등록 등 주택법령의 흐름은 입주자대표회의나 주택관리업자보다도 오히려 주택관리사라는 전문가집단에게 더 많은 권한과 책임을 부여함으로써 공동주택 관리의 선진화·전문화를 도모하는 방향으로 가고 있다. 그리고 이러한 흐름의 정당성과 명분은 이번 헌법재판소의 결정을 통해 사법부에서도 거스를 수 없는 대세임이 확인됐다. 이것이 바로 필자가 주택관리사협회 공제사업운영위원으로 활동하고 각종 교육 및 공익활동에 참여하는 이유다.

　헌법재판소의 결정을 계기로 더 이상 소모적 논쟁과 대립은 접고 책임에 걸맞은 주택관리사들의 권한과 지위를 확보하는 길로 매진해야 할 때이다.(2013년 2월 6일)

#관리사무소장의 손해배상책임　#보증보험 가입의무　#주택관리사협회의 공제사업제도

집합건물 구분소유자의 공용부분에 대한 권리

필자는 최근 한 집합건물의 관리사무소장으로부터 법률자문을 의뢰받았다. 1개 층을 소유한 입주사가 전유부분의 면적비율에 따라 지하주차장의 일부 구획을 독점적으로 사용하는 데 따른 문제였다. 이 입주사의 지분은 전체의 약 25%에 달하는데, 관리규약의 제정에도 반대해 관리단의 구성과 활동에 막대한 지장을 초래하고 있었다. 그런데 이 입주사는 25%의 지분에 상응하는 지하주차장 23면 중 자신들에게 필요한 7면을 제외한 나머지 16면을 다른 입주자들에게 임대해 임대수익을 올려왔다. 관리사무소장은 공용부분인 주차장의 관리권한이 관리단에게 있다는 이유로 임대행위를 중지해줄 것을 요청했다. 하지만 입주사는 집합건물의 소유 및 관리에 관한 법률 제17조 (공용부분의 부담·수익) "각 공유자는 규약에 달리 정한 바가 없으면 그 지분의 비율에 따라 공용부분의 관리비용과 그 밖의 의무를 부담하며 공용부분에서 생기는 이익을 취득한다"는 규정에 따라 주차장 23면에서 발생하는 이익을 취득할 권리가 있다고 강하게 반발하고 있다고 했다. 언뜻 보면 입주사의 주장도 일리가 있어 보인다. 일정 지분을 보유했으므로 공용부분을 지분비율에 따라 사용할 권리가 있고, 그렇다면 이러한 권리를 활용해 수익을 취하는 것을 어찌 막는단 말인가? 실제로 많은 집합건물에서 구분소유 면적에 따라 공용주차장을 구획해 독점적인 사용을 허락하는 것이 실상이기도 하다.

하지만 이러한 실태는 집합건물법의 규정과 부합하지 않는 경우가 많다. 집합건물의 구분소유자(공유자)는 집합건물법 제11조에 따라 주차장과 같은 공용부분의 일부 또는 전부를 그 용도에 따라 사용할 권리를 갖는다. 따라서 구분소유자가 일정 면적의 주차장을 독점적으로 사용하는 것은 그 면적이 지분비율에 준하는 것이라 하더라도 구분소유자들 간의 합의나 집합건물 관리규약에서 정한 바가 없다면 위법한 것이다.

게다가 공용부분의 관리에 관한 사항은 관리규약에서 따로 정하지 않았다면 관리단 집회에서 구분소유자의 과반수 및 의결권의 과반수로써 의결하도록 규정하고 있는데(집합건물법 제16조, 제38조), "공유자가 공유물을 타인에게 임대하는 행위 및 그 임대차계약을 해지하는 행위는 공유물의 관리행위에 해당하므로, 공용부분을 임대하는 경우 위 집합건물법상 절차에 따라 공유자들 간에 합의가 있어야 한다"(대법원 1962. 4. 4. 선고 62다1 판결, 대법원 2010. 9. 9. 선고 2010다37905 판결 등)"는 것이 판례이므로 공용주차장 일부에 대한 것이라도 관리단 집회에서의 결의가 없는 이상 구분소유자의 독단적인 임대행위는 불법이다.

임차인이 해당 집합건물의 다른 구분소유자라 할지라도 위 법리는 달라지지 않는다. 위 입주사가 주장하는 집합건물법 제17조의 규정은 위와 같은 집합건물법의 절차를 밟은 적법한 임대로 임대료 수입이 발생할 경우 그 수입을 지분비율에 따라 일부 취득할 권리가 있다는 것을 의미할 뿐이다. 위와 같은 경우 관리단이나 관리단이 지정한 구분소유자는 임대행위의 중지나 부당이득금의 반환을 청구할 수 있게 된다.

결론적으로 공용주차장의 일부를 독점적으로 사용하거나 임대하고자 하는 경우에는 관리규약에 근거규정을 마련하거나 관리단 집회에서 의결을 구하는 절차를 밟아야 할 것이다.(2013년 5월 1일)

#공용부분 관리권한 #공용부분을 사용할 권리 #구분소유자의 독단적인 임대행위

관리소장의 전기안전관리자 겸직, 불법일까?

주택법령에 따라 의무관리대상 공동주택의 경우에는 관리사무소장으로서 주택관리사나 주택관리사(보)를 반드시 배치해야 한다. 한편 전기사업법은 전기산업기사 이상의 자격을 가진 자를 공동주택의 전기안전관리자로 배치해 상시 근무케 하고 주기적인 전기안전교육을 받도록 규정하고 있다. 이와 같이 다른 근거를 가진 법령에 의해 상시 배치하도록 규정되어 있는 주택관리사와 전기안전관리자의 직무를 겸직할 수 있는지가 논란이 되고 있다. 물론 주택관리사가 전기산업기사 이상의 자격을 소지하고 있을 때의 문제이다.

아파트 입장에서는 의무배치하고 있는 주택관리사(보)가 전기사업법에 의한 전기안전관리자의 자격까지 보유하고 있다면 겸직을 유도함으로써 인건비를 절감할 수 있는 장점이 있다. 관리비에 민감한 입주자들의 눈치를 보느라 몇 푼의 관리비라도 절감하려는 입주자대표들은 불법이 아니라면 당연히 겸직을 유도하려 할 것이다. 반면 관할 부처는 국토해양부 시절부터 주택법령에 의한 주택관리사(보)의 배치와 별도로 전기사업법상의 전기안전관리자를 배치해야 하며 겸직은 허용되지 않는다는 유권해석을 해왔다.

최근 법제처도 국토해양부와 동일한 민원회신을 했다. 관리소장과 전기안전관리자는 배치목적, 자격기준, 업무의 내용 및 범위, 업무수행방식, 관리책임의 수준 등이 서로 명백하게 구분될 뿐만 아니라 공동주택의 안전하고 효율적인 관리를 위해 반드시 있어야 하는 필수인력이라는 점에 비춰볼 때 입주자대표회의 또는 주택관리업자는 관리소장과 전기안전관리자를 별도의 인원으로 각각 배치해야 하고, 관리소장은 전기안전관리자의 업무를 중복해 수행할 수 없다는 것이다. 그 외에도 법제처는 전기안전관리자의 업무를 지휘·감독해야 하는 관리사무소장의 위치 및 관리조직의 체계상 문제, 관리사무소장이 여러 직무를 겸직할 경우 기술인력제도의 취지가 몰각되는 문제 등을 감안했다고 한다.

그런데 이와 관련해서는 이미 대법원의 판결이 있었다. 관리소장과 전기안전관리자를 겸직하면서 전기기사 자격수당과 시간외수당, 전기검침수당 등을 수령한 주택관리사를 상대로 입주자대표회의가 횡령금액을 반환하라며 제기한 민사소송에서 대법원은 입주자대표회의의 청구를 기각한 원심을 확정한 것이다. 주택법이나 전기사업법의 어느 규정을 보더라도 상호간 겸직을 금지하는 규정은 없으므로 관리소장이 전기안전관리자의 자격을 갖추고 있는 한 이를 겸직한 것이 위법하다고 볼 수 없다는 것이었다.

국토해양부와 법제처의 입장을 고수한다면 관리소장이 전기안전관리자의 업무를 겸직한 경우에 형사처벌될 수 있다. 전기사업법 제104조는 전기안전관리자의 의무배치를 규정한 제73조 제1 내지 4항을 위반한 자에 대해 500만 원 이하의 벌금형을 규정하고 있기 때문이다. 하지만 이러한 문제로 형사고발된 사례는 아직 보지 못했다. 여기에서 과연 이 문제가 관련 법령은 그대로 놔두고 유권해석으로 해결될 문제인지, 국토교통부와 법제처의 관련 법령에 대한 유권해석이 대법원 판례보다 상위에 있는 것인지 의문이 든다.

전국에는 대법원 판례에 따르면 합법이지만 행정에 있어서는 불법인 관리소장과 전기안전관리자의 겸직 사례가 상당수일 텐데, 이 기묘한 상황을 개선할 법령 정비가 시급하다. (2013년 6월 7일)

#주택관리사 #전기안전관리자 #관리소장과 전기안전관리자 겸직

공동주택관리 지원기구의 설립에 대한 염원

공동주택 관련 전문가들 사이에서 공동주택관리에 관한 기본법의 제정, 공동주택관리 지원기구의 설립에 대한 염원은 여러 차례 확인된 바 있다. 최근 한 대학이 주최한 '공동주택관리 지원센터의 기능과 역할'이라는 토론회는 그 염원을 재확인하는 행사였다.

공동주택의 건설촉진과 자금조달을 중심으로 한 주택법의 근본적 한계, 공동주택관리와 관련해 산재된 관련법 간의 모순과 충돌, 공동주택관리 분야 담당행정조직의 전문성이나 예산의 열악함, 공동주택의 공공재로서의 인식 미비 등 공동주택관리와 관련한 누적된 문제점들은 더 이상 묵과할 수 없을 만큼 한계에 와 있다.

그러나 감사원 감사, 검찰의 대대적 단속, 이때다 싶은 언론의 집중적이고 선정적인 보도만 주기적으로 반복될 뿐, 공동주택관리의 근본적인 개선책과 대안들은 한 치의 진척도 없는 상태. 어려운 여

건과 악화된 여론 속에서도 묵묵히 공동주택관리에 매진하고 있는 입주자대표와 주택관리사들도 상황이 계속 악화된다면 모두 떠나가지 않으리라는 보장을 누가 할 수 있을 것인가? 그때 과연 공동주택관리는 누가 할 것이고, 그로 인한 막대한 사회경제적 손실은 누구에게 돌아갈 것인가?

필자도 공동주택관리의 전문가로서 여러 분야에서 활동하고 있다. 위탁관리업체, 입주자대표회의, 주택관리사협회 등의 민간 부분도 많지만 여러 지자체와 중앙행정기관, 기타 공공기관의 법률자문이나 정책에 대한 의견제시 등도 함께 하고 있다. 하지만 일정기간 순환근무하는 공동주택관리업무의 특성상 담당자들과 심도 깊은 논의가 진행되기는 어려운 측면이 있다.

중앙행정기관과 지자체별로, 지자체와 관련 공공기관별로 우선시하는 정책목표나 이를 달성하기 위한 행정수단에 대한 선호도 등이 각기 달라 조율이 쉽지 않은 경우도 있다. 필요한 자문과 조력을 받아야 하지만 예산 문제 때문에 이를 적극적으로 요구하지 못하는 상황은 참으로 난감하다. 그때마다 필자 또한 공동주택관리에 관한 중장기적 정책방향 연구, 분쟁조정 및 사례화, 커뮤니티 활성화 방안 개발, 공동주택 관련 공공업무의 위탁처리, 공동주택관리 전문가의 양성과 관리종사자들에 대한 교육 등의 업무를 전담할 기구의 필요성을 절실하게 느낀다.

이미 공동주택은 전 국민의 70% 이상이 거주하고, 시가 총액이

2,000조 원이 넘어설 것으로 추정되며, 이를 관리하기 위한 관리비만 해마다 2조 원 이상 지출되는 현실에 직면해 있다. 이렇게 막대한 전 국민의 자산을 국가가 종합적·체계적으로 관리하지 못하고, 기본법 제정도 없이 전담기구조차 두고 있지 못한 현실은 어떠한 핑계로도 용납되기 어렵다.

    필자도 생계를 해결해야 하는 직업인으로서의 책무가 있다 보니 공동주택관리의 공공적 성격에서 요구되는 여러 공익활동에만 매진할 수 없는 한계가 있다. 틈틈이 하는 강의와 공공에 대한 법률자문, 협회의 활동 등으로 애써 자위하고 있지만, 이러한 활동의 성과들이 보다 체계적으로, 다른 관련 전문가들의 고견과 함께 우리나라 공동주택관리의 선진화에 작은 기여라도 되었으면 하는 바람이 간절하다. 공동주택관리 지원기구의 설립을 지지하는 여러 전문가들과 관련 종사자들의 염원도 이와 다르지 않을 것이다.

    벌써 몇 년째 제자리걸음만 하고 있는 공동주택관리 지원기구 설립논의가 더디더라도 반드시 작은 진척이라도 이루어지기를 기대해 본다.(2013년 7월 2일)

#공동주택관리 지원기구 #공동주택관리 전문가

주택관리사 과잉공급, 어찌할 것인가

필자는 3년여 전 이 지면을 통해 주택관리사가 필요 이상으로 과다배출되어 자격증제도의 존폐를 걱정해야 할 지경이라는 논지를 밝힌 적이 있다. 2010년 초까지 주택관리사보는 3만 6천 명이 배출되었고, 취업자는 1만 2천 명으로 취업률은 3명당 1명꼴이었다. 그 후로도 주택관리사 과다배출 문제는 해소될 기미가 보이지 않는다. 아니 오히려 악화일로다. 당시 국토해양부가 주택관리사보 시험의 상대평가제를 추진했다가 규제개혁위원회의 수정권고에 밀려 포기한 후 적정 주택관리사보의 배출은 시험의 난이도 조정을 통해 이루어질 것으로 기대되었다. 하지만 2011년도 제14회 주택관리사보 시험은 전년 대비 18% 이상이나 합격률이 높아지면서 약 600여 명의 합격자가 더 배출되었고, 올해 제16회 주택관리사보 시험 합격자도 지난해보다 943명이 증가한 2,407명으로 난이도 조절에 거듭 실패했다. 지금까지 배출된 주택관리사는 총 4만 8,558명에 이르고, 취업자는 약 1만 7천여 명이 조금 넘는다. 주택관리사들의 취업을 위해 협회 및 국토교통부, 지자체 등이 혼신의 힘을 기울이고 있지만, 여전히 자격취득자 대비 취업률은 1/3 정도밖에 되지 않는 실정이다.

시험 난이도의 조절을 통한 합격자 수의 통제는 전적으로 예측에 기초한 것이기 때문에 항시 실패의 위험을 안고 있다. 시험 응시자들과 유사한 능력과 의지를 가진 가상 응시자들의 성적을 토대로 난이도 조절을 하게 마련이지만 이러한 (실제 응시자들과 유사한 수준의) 가상 응시자들은 현실에선 존재하기 어렵기 때문이다. 시험 난이도 조절에 의한 합격자수 통제라는 방법론을 들고 나온 것 자체가 상대평가제 무산이라는 난관을 회피하기 위한 차선책이었기 때문에, 거듭된 실패 앞에서 우리는 좀 더 솔직해져야 한다. 단기적으로는 주택법 시행령 제76조 제1항 단서에서 규정하고 있듯이 매년 실시하는 시험을 격년제로 변경하는 것이 대안이 될 수도 있고, 근본적으로는 한 차례 시도했다가 무산된 상대평가제의 재도입도 재론해볼 때이다.

주택법령이 의결기관인 입주자대표회의와 집행기관인 관리주체로 공동주택관리업무를 분장시키고, 주택관리사(보)라는 전문자격제도를 도입한 것은 의결기관은 민주적 운영을, 집행기관은 전문성을 각각 담보하며 입주자들의 소중한 재산을 관리하라는 취지였다. 따라서 민주주의(입주자대표)와 전문성(관리주체, 주택관리사보)은 상호 독립적이면서도 보완적인 관계를 유지해야 건강한 협력과 견제가 가능해

진다. 하지만 전문성의 영역을 담보해야 할 주택관리사들이 관리주체인 위탁관리회사나 입주자대표회의에 지나치게 종속되어 있는 것이 현실이다. 자격증을 취득해도 1/3만이 취업에 성공하는 현실에서 이러한 종속성은 생계를 이어가야 하는 직업인으로서의 주택관리사들에게는 필요악이다.

엄정한 시험을 통과해 자질과 능력을 인정받고, 사후 보수교육과 개인적 노력으로 공동주택관리의 제반영역에서 필요로 하는 전문성을 유지하기 위해 애쓰는 주택관리사들의 전문성은 현격히 향상되어 왔다. 하지만 지위와 처우가 사용자인 위탁관리회사와 입주자대표회의에 지나치게 종속되어 있다 보니 (전문성이 모자라서가 아니라) 살아남기 위해 지식과 양심에 반해야 하는 경우가 부지기수다. 몇 개월치 급여를 자진 반납하는 조건으로 일자리를 알아봐야 하고, 바른 말을 하다가 입주자대표들에게 밉보여 강제 전보되는 것이 현실이라면 어느 주택관리사라도 전문성 향상보다 눈치 보기, 인맥 쌓기에 더 신경을 쓰지 않을 수 없다.

시장의 수요와 관계없이 쏟아져 나오는 주택관리사의 과잉공급이 올바른 공동주택관리 문화를 저변부터 송두리째 흔들고 있다. 이제는 주택관리사의 과다배출에 대해 누구의 눈치도 볼 것 없이, 모두가 솔직해야 할 때이다. (2013년 12월 4일)

#주택관리사 과다배출 #주택관리사보 시험

재난에 대응하는 우리의 자세

여객선 '세월호' 침몰 참사로 인한 사망자가 170명을 넘어섰고, 아직도 실종자는 130명에 가깝다. 현재까지 구조된 인원은 전체 탑승인원의 1/3이 조금 넘는, 사상 최악의 대참사다. 하지만 실제 탑승자가 정확히 몇 명인지 알 수 없으니 실종자와 사망자수도 정확한 것은 아니다. 심지어 구조인원마저 수차례 혼선이 벌어졌으며, 인양된 사망자의 신원이 뒤바뀐 것도 세 차례에 이른다. 아직 사망자의 신원 파악이 제대로 되지 않은 경우도 많다. 사건 초기 탑승객 전원 구조라는 황망한 속보 때문인지 구조의 적기를 놓쳤고, 선장을 비롯한 승무원들은 위기에 빠진 승객들을 버리고 먼저 탈출했으며, 6개인지 10개인지 모르는 각종 재난대책본부는 혼선을 더했다. 초기 구조자 외에는 사고 열흘이 지나도록 단 한 명도 구조하지 못한 우리나라 재난 대처능력은 참으로 참담하다. 외국 유수의 언론들은 대한

민국의 수준이 이 정도라는 사실에 놀라워하며 전 세계에 재난속보를 타전하고 있다. 사망자와 실종자의 대부분을 차지하는 어린 학생들의 희생에 전 국민은 애도와 안타까움을 넘어 엄청난 충격에 빠졌다. 서해페리호 침몰사고, 삼풍백화점 붕괴사고, 대구지하철 화재참사, 이천 냉동창고 화재사건 등 대형 재난사고가 연이어 터진 대한민국은 아직도 안전에 있어서는 후진국을 벗어나지 못하고 있다. 대한민국은 공중에서도, 해양에서도, 대형건축물에서도 사고의 위험성이 상존한다.

최근 공동주택에서도 대형 재난이 발생할 뻔한 아찔한 상황이 있었다. 전남 목포시에 소재한 한 아파트의 주차장과 도로가 순식간에 폭삭 주저앉는 사고가 발생한 것이다. 아파트 단지 내 폭 10m, 길이 50m, 깊이 6m에 달하는 주차장이 붕괴되면서 입주민 1명이 부상을 당하고 차량 1대가 피해를 입었다. 자칫 대형사고로 이어질 수 있는 위험한 상황에서 다행히도 관리사무소는 신속한 대피방송을 통해 입주민들을 긴급대피시키고 차량출입을 통제해 더 큰 사고를 막았다.

여기에 더해 관리소 직원들은 입주자대표들과 협의해 단지 내 3개동 중 2개동 375가구에 해당하는 입주민 800여 명을 인근 숙박업소로 대피시켰다. 관할시청도 경찰서, 소방서, 한전, 도시가스, 시공회사, 입주민대표 등 유관기관을 포괄하는 합동상황실을 설치해 긴급대처에 들어갔으며, 한국구조물안전원의 현장조사 실시에 이어 입주민들이 추천하는 안전진단 전문기관이 안전진단을 재실시할 것과

안전진단 결과에 따른 붕괴부분에 대한 보수·보강공사를 협의할 예정이라 한다. 시와 시공사 등은 긴급히 대피 입주민들을 위한 식사제공과 숙소 비용 등 지원금 지급절차를 밟고 있다고 한다. 물론 피해를 입은 입주민들에게는 아쉽고 분통터질 상황과 사건들이 많았겠지만, 진도 여객선 침몰사고와 같은 대형 재난사고와 비교해보면 우리 공동주택의 재난 대처능력과 소명의식은 일정 수준 유지되고 있다는 안도감이 생긴다.

이번 아파트 주차장 붕괴사고에 대해, 입주민들은 인근 아파트 신축공사로 인한 소방도로 폐지 문제, 공사장 터파기로 인한 도로균열 등의 민원을 수차례 제기했고, 시의회에서도 수차례 현장방문을 통해 붕괴 위험성을 사전에 지적해왔다는 점에서 자칫하면 예견된 인재로 큰 희생을 치를 뻔했다는 점을 간과해서는 안 된다. 안전의 문제는, 더더구나 수백, 수천 명의 생명을 담보로 하는 공동주택의 안전은 그 모든 이해관계와 이익보다도 훨씬 심각하고 중대한 사안이다. 국민의 생명과 재산의 안전을 담당하는 공무원과 유관기관의 안전불감증이 말끔히 해소되기 전까지, 공동주택관리업무 종사자들은 자신들이 가진 전문성과 윤리의식을 바탕으로 더더욱 긴장의 끈을 놓지 말고 재난예방에 심혈을 기울여주실 것을 당부 드린다. (2014년 4월 30일)

#공동주택 안전사고 #재난예방

주차장 화재사고, 조심 또 조심

　간간이 아파트 지하주차장에 화재사고가 발생하곤 한다. 최근에도 지하주차장에 주차해둔 차량에서 발생한 화재가 대형사고로 이어질 뻔했으나 초기에 이를 감지한 관리사무소 직원들의 신속한 대처로 조기에 진화된 일이 있었다.

　이 단지의 경우 화재발생 초기에 경보음이 작동했고, 이를 들은 직원이 CCTV로 화재현장을 신속히 확인해 119에 신고한 후 초기진화에 나섰다. 폭발음이 들렸다는 신고를 받은 경비원과 속속 도착한 직원들이 합심해 소화전을 작동해 진화에 나섰고, 입주민 안전을 위한 현장 진입차단과 교통통제로 대형사고로 이어질 뻔한 화재를 무사히 진압했다. 차량 한 대가 불타는 정도에서 그쳤기에 망정이지, 만약 다른 차량으로 연쇄화재 및 폭발이 발생했거나 전기실, 기계실 등으로 화재가 번졌다면 또 다른 대형참사도 일어날 수 있었던 상황이었다.

지하주차장에서는 차주의 부주의나 전기합선, 제3자의 방화 등에 의해 화재가 발생할 가능성이 항시 존재한다. 그런데 지하라는 공간의 특성상 공개된 장소보다 화재발생을 인지할 가능성이 줄어들고 초기진화도 어렵다. 반면, 밀폐된 공간이다 보니 화재가 커지면 연기와 유독가스로 접근이 곤란할 뿐 아니라 줄줄이 주차된 차량이나 여러 전기, 기계장비가 밀집된 설비실로 화재가 전이될 가능성이 크다. 더구나 주차장에 많은 사람들이 드나드는 출퇴근 시간에 화재가 발생하면 다수의 인명피해도 발생할 수 있다. 따라서 지하주차장의 화재를 미연에 방지하거나 적절하게 초기대응할 수 있는 시스템 및 근무자들의 자세가 매우 긴요하다 하겠다.

근래 필자는 지하주차장 화재로 인한 소송을 몇 건 진행 중이다. 그런데 이 사건들은 지하주차장 화재로 인한 피해를 방지하기 위한 시설물관리가 제대로 되지 않았다는 공통점이 있다. 화재감지기의 오작동으로 인한 민원사례가 발생하자 감지기를 꺼놓았다가 피해가 커진 사례도 있고, 스프링클러의 결함으로 수동조작조차 되지 않아 화재진화의 적기를 놓친 사례도 있었다. 스프링클러의 급수배관 밸브를 폐쇄해두었다가 화재가 발생하자 전혀 작동을 하지 않아 피해가 커졌던 사례도 있다.

초기 진화에 실패한 결과는 참담했다. 차량 수십 대가 불타버린 사례, 차량화재로 인한 그을음과 벽체손상 등으로 복구공사비가 수

억 원에 이른 사례 등이 그러하다. 그나마 인명피해가 없었다는 점이 위안이라면 위안일까 싶을 정도의 대형사고로 이어진 것이다.

물론 화재감지기나 스프링클러의 오작동이나 고장 등으로 소음 수준의 경보음이 수시로 울리거나 누수가 심해 소방시설의 작동을 일시 중단시킬 수밖에 없었던 사정은 이해가 되기도 한다. 하지만 화재는 이러한 사정을 봐주지 않는다. 화재경보시설이나 진화설비의 오작동·작동불량 등은 신속히 A/S를 신청해 보수를 받아 정상가동되도록 조치해야 한다. 이를 소홀히 하다 화재가 발생하면 불량설비를 설치한 업체와 더불어 관리직원이나 관리회사도 함께 그 피해에 대한 배상책임을 져야 한다.

매우 안타까운 경우도 있다. 화재경보시설이나 진화설비의 작동불량에 따라 장비가동을 일시 중단했다가 사고가 났는데 관리사무소에 아무런 증거가 남아 있지 않은 경우이다. 오작동이나 작동불량에 대한 근거자료가 있어야 설비업체의 책임을 물을 수 있을 텐데, 관련자들의 증언만 있을 뿐 고장이나 A/S신청에 관한 증빙이 전혀 없었던 것이다.

당연히 업체에서는 설비를 정상적으로 설치했을 뿐 아니라 문제 없이 작동되고 있었다고 반박하기 마련이다. 관리사무소에서는 이러한 작동불량 사례 등에 대해서는 업무일지에 기록해두거나 입주자대표회의에 보고해 회의록에 남겨두거나 A/S신청 사실과 그에 따른 보수결과를 기록으로 남겨두어야 한다. 화재로 차량이나 설비가 모두

전소해버린 뒤에는 그 원인을 밝혀내는 것이 매우 어렵고, 그로 인한 책임은 관리직원이나 관리회사에 전가되기 일쑤이기 때문이다.(2014년 7월 2일)

#지하주차장 화재 #소방시설 관리

최저임금 인상이 관리서비스에 미치는 영향

올해 최저임금은 지난해에 비해 7.1% 인상된 시간당 5,580원으로 결정될 것이 확실해졌다. 지난해의 상승률 7.2%에 버금가는 최저임금 인상률로, 저소득층의 인간다운 삶 유지를 위한 최저수준에 대해 사회적 합의가 이루어진 것이다. 이 정도의 최저임금 인상률은 우리 사회가 충분히 감내할 수 있을 것으로 판단된다.

다만, 예외적으로 아파트 현장에서는 최저임금 인상에 따른 여러 문제점이 발생할 것으로 예측된다. 왜냐하면 아파트 경비원 등 감시·단속적 근로자에 한해서 법정 최저임금 10% 감액을 허용하고 있는 최저임금법 시행령의 적용 기간이 올해로 만료되기 때문이다. 내년부터는 법정 최저임금 전부를 지급해야 하므로 올해 대비 내년의 시간당 최저임금은 19%나 인상되는 효과를 가져 온다.

경비업의 경우 공동주택 대부분이 최저입찰을 실시하고 있고 비용 대부분이 인건비이기 때문에 더 이상의 비용감축은 어려운 실정이다. 따라서 최저임금의 증액은 입주자들의 관리비 부담으로 직결될 가능성이 매우 크다. 지금까지도 여러 공동주택에서 휴게시간을 연장하거나 통합경비시스템을 도입하는 등으로 관리비 증가요인을 막아왔지만, 더 이상 휴게시간을 늘릴 경우 경비원 부재에 따른 업무공백이 심해질 수 있고, 실제 경비원들이 수행하고 있는 화단정리나 택배업무, 주차관리 등의 부수업무는 통합경비시스템으로 대체하기 곤란하다. 때문에 최저임금의 상승으로 말미암은 부작용은 고령자의 실직으로 이어질 수 있다.

현재 대부분의 경비업무는 고령자가 맡고 있는데, 높은 임금을 지급하게 되면 경비원의 수를 줄여 관리비를 유지하고자 하는 방향으로 흐를 수가 있다. 또한 더 젊은 경비원들에게서 더 나은 서비스를 제공받고자 하는 입주자들의 욕구 또한 자연스레 커질 것이다. 최저임금 대상인 고령취업자를 돕기 위한 제도가 그들의 실직을 부채질하는 격이다. 거기에다 연장·야간·휴일수당 등이 더해지면 몇 년째 좀처럼 나아지지 않고 있는 관리직원들과의 임금형평성 문제도 제기될 수 있고, 관리사무소 직원들의 임금인상 압박요인도 발생하게 된다.

공동주택관리업계 종사자들의 임금수준이 열악한 상황이기 때문에 장기적으로는 경비원 등 감시·단속적 근로자는 물론 관리소장, 관리직원들의 임금도 전체적으로 상향시키는 방향으로 가야 한다.

적정수준의 임금을 지급하고 그에 합당한 공동주택관리서비스를 제공하도록 하는 것은 매우 당연한 수순이다.

다만 이러한 방향성에도 불구하고 단기간의 급격한 임금상승에 따른 부작용을 완화하는 노력이 뒤따라야 한다. 아파트 경비직은 고령자들의 취업시장으로 엄연히 자리 잡아왔고, 여기에서 실직한 고령자들을 흡수할 다른 고용시장은 매우 취약하기 때문이다. 고용노동부는 감시·단속적 근로자 최저임금 적용에 따른 보완대책을 마련하기 위해 연구용역을 실시 중이고, 10월경 연구용역 결과가 나오면 그에 따라 지원방안을 마련할 방침이라고 한다. 고령근로자 채용 시 업체나 아파트에 인센티브를 제공하거나 중소기업인 경비용역업체에 대한 지원책을 마련하는 등의 대안이 제시되고 있다.

그럼에도 불구하고 이러한 지원책이 현실화되기까지는 얼마의 시간이 필요할지 알 수 없다. 우리 공동주택에서도 인건비 상승으로 인한 관리비 부담을 덜기 위해 고령자인 경비원들의 해고나 일자리 축소라는 손쉬운 방법만 고집할 게 아니라 다른 부분에서의 관리비 절감이나 더 나은 경비서비스의 제공이 가능할 수 있도록 하는 상호부조와 협력의 기회로 승화시켜 나가는 것이 바람직하다. 고령자라는 사회적 약자에 대한 따뜻한 시각이라는 측면뿐 아니라 오랜 사회 경험과 해당 공동주택 경비업무를 비롯한 부수업무에 대한 포괄적 이해도가 높은 기존 경비인력을 공동주택관리 현장에서 축출하는 것은 장기적으로는 오히려 비효율을 가져올 수 있기 때문이다. 대체적으로 고령 경비원들이 근무 중인 아파트에서 입주자들이 느끼는 그들의 업무성실성과 충성도가 젊은 사람들의 그것과 비교해 오히려 더 낫다는 평가는 귀담아 들을 만하다.(2014년 7월 30일)

#최저임금법 시행령 만료 #경비업 최저입찰제 #공동주택 경비업무

관리사무소 직원인사는 관리업체의 권한

주택법 시행령 제51조 제5항은 "입주자대표회의는 주택관리업자가 공동주택을 관리하는 경우에는 주택관리업자의 직원인사나 노무관리 등의 업무수행에 부당하게 간섭해서는 아니 된다"고 규정하고 있다. 서울특별시 공동주택 관리규약준칙 제14조 제2항 또한 "입주자대표회의, 선거관리위원회 및 관리주체는 상호간에 업무를 부당하게 간섭하거나 그 업무를 방해해서는 아니 된다"고 재확인하고 있다. 그럼에도 불구하고 일부 공동주택에서는 입주자대표회의가 관리직원의 교체를 요구할 수 있도록 하는 조항을 공동주택 위·수탁관리계약서에 삽입하는 일이 다반사이다. 또한 이러한 계약상의 근거가 존재하는지 여부를 불문하고 입주자대표회의가 관리사무소장을 비롯한 관리직원의 교체를 요구하는 것이 관행처럼 이어지고 있다.

최근에는 다수 동대표들의 만류에도 불구하고 개인적으로 책임을 지겠다며 관리사무소 직원의 교체를 고집했던 동대표에게 법적 책임을 물은 판결이 선고되어 화제이다. 이 사건의 사실관계는 다음과 같다.

입주민이 외출 중인 아파트에서 화재가 발생했고, 다행히 화재는 신속히 진압되었다. 그러나 입주자대표회의는 화재에 대한 관리사무소의 대응미숙을 이유로 관련 직원 전원을 교체해줄 것을 관리업체에 요구했다. 관리회사는 야간근무자 및 관리사무소장의 적절한 대응과 후속조치가 있었기에 직원교체는 불가하다고 답변했다. 이에 더해 관리회사가 입주자대표회의 요구에 따랐다가 후에 노동위원회 복직판정명령이 있을 경우 그에 대한 책임을 입주자대표회의가 져야 한다는 입장도 밝혔다.

그럼에도 입주자대표회의는 관리사무소 직원 전원교체를 결의하면서 당시 회의록에 동대표 한 사람이 직원교체를 원하고 그에 따른 비용과 법적 책임까지 지겠다고 주장한 내용을 기재해 서명까지 받아두었다. 이후 해고된 직원들은 노동위원회에 부당해고 구제신청을 했고, 그에 따라 입주자대표회의는 임금 상당액을 지출해야만 하는 상황에 몰렸다. 입주자대표회의는 직원의 전원교체를 고집한 동대표에게 구상권 행사를 위한 소송을 제기했다.

해당 동대표는 직원교체 요구가 위·수탁관리계약에 근거한 것이며, 입주자대표회의와 자신은 해당 직원들에 대한 사용자가 아닌 이상 근로계약상 사업자 지위에서 책임을 질 이유가 없다고 항변했다.

하지만 담당재판부는 주택관리법령 및 위·수탁관리계약의 취지에 비추어 입주자대표회의의 부당한 인사간섭에 대해서까지 관리업체가 책임을 지는 것은 아니며, 해당 동대표가 개인적인 책임을 약속한 이상 부당노동행위로 발생한 비용도 해당 동대표가 배상해야 한다고 판결했다.

위 사안은 한 동대표의 잘못된 결기와 호언장담이 빚은 해프닝에 가깝다. 하지만 동대표들이 합심해 이러한 결정을 했다 하더라도 그 법적 책임이 입주자대표회의로 귀속될 수밖에 없다는 결론은 다르지 않다. 이러한 점은 서울특별시 공동주택 관리규약준칙 별첨 1 공동주택 위·수탁관리계약서 제9조 제2항 "제1항에도 불구하고 갑이 영 제51조 제5항의 규정에 위반해 을의 직원인사·노무관리 등의 업무수행에 부당하게 간섭한 경우 사용자 배상책임은 갑이 진다"라는 조항에서도 명백히 하고 있다. 입주자대표회의가 위·수탁관리계약이나 그동안의 관행을 근거로 직원교체 요구 등 부당한 인사개입을 해놓고는 문제가 생기면 근로기준법상 관리소 직원들에 대한 사용자가 아니라고 발뺌하기가 어려워진 것이다.

이제 입주자대표회의가 관리회사에게 직원교체를 요구해서는 안 된다는 사고를 정립할 시기에 와 있다. 설혹 직원교체에 관한 내용을 위·수탁관리계약에 포함시킨 경우라도 그 사유는 관계 법령에 적합한 법정자격이 아예 없거나 자격이 정지된 경우, 공동주택관리 중 금품수수·횡령 및 배임 등의 혐의로 기소된 경우, 아동성추행이나 성

범죄 전과가 있는 경우 등 부득이한 경우로 최소화해야 한다. 위탁관리가 대세인 상황에서 관리회사의 사용자 지위를 강화하지 않는다면 품질 높은 위탁관리서비스를 기대하기 어렵다.(2014년 9월 3일)

#주택관리업자 직원인사 #입주자대표회의 부당한 인사간섭 #위·수탁관리계약

누가 또 아파트관리를 줄 세우려 하나

　　공동주택 관리정보시스템(http://www.K-apt.go.kr)을 국토교통부로부터 위탁받아 관리하고 있는 한국감정원이 국토교통부와의 협의를 거쳐 이르면 올해 말부터 아파트 관리등급 인증사업을 실시할 계획이라고 밝혔다. 아파트 관리등급 인증은 감정원이 공동주택 관리정보시스템에서 공개하는 개별 아파트의 관리비 현황과 시설관리, 에너지효율등급 등의 정보를 토대로 추가로 현지조사를 실시한 뒤 A(좋음), B(보통), C(미흡), D(심각) 등 4개 등급으로 관리등급을 매기는 것이다. 인증은 아파트 입주자대표회의 또는 입주민 5분의 1 이상의 신청을 받아 진행하며 관계 전문가로 구성된 '아파트 관리등급 심사위원회'의 심의를 거쳐 등급을 부여하는 절차를 밟게 된다. 좀 더 구체적으로는 등급 인증의 실효성을 확보하기 위해 현재 관리비 공개대상 단지(300가구 이상 공동주택, 150가구 이상으로 승강기 설치 또는 중앙난방—지역난방 포함—방식 공동주택, 주택이 150가구 이상인 주상복합 건축물)을 대상으로 진행하며 △ 유사단지 대비 관리비 수준, △ 관리사 선정, △ 계약관리, △ 입주자대표회의 운영 등 투명도, △ 주기별 시설물 하자보수 및 시설관리의 적정성, △ 냉·난방 등 에너지 소요량 등을 평가의 대상으로 삼을 예정이라는 것이다. 감정원에 따르면 이미 지난 5월부터 제도 도입을 준비해왔고, 현장조사에 필요한 회계사와 변호사, 평가사 등 전담인력도 확보된 상태라고 한다. 감정원 측은 아파트 관리등급 인증이 아파트관리에 대한 종합건강검진이라고 볼 수 있으며 이를 통해 여러 공동주택관리 관련 문제점들이 자연스럽게 드러나고 치유될 것으로 기대하고 있다고 한다.

일명 '김부선 난방비'로 대표되는 공동주택관리 관련 비리 문제가 다시금 세간의 뜨거운 주목을 받고 있다. 국토교통부는 공동주택관리 비리와 관련, 지자체의 지도·감독 소홀과 전담 신고창구 미흡으로 불법행위를 사전에 차단하거나 적발하기 어려운 경우가 많다는 문제 제기에 따라 직접 나서 공동주택관리 비리 및 부실감리 신고센터를 운영 중인데, 지난 9월 1일부터 한 달간 96건의 신고가 접수되었다고 한다. 이 또한 공동주택관리 비리가 일상화되었다는 지표로 언론에 떠들썩하게 보도되고 있는 실정이다. 그런데 세심히 살펴보면 신고된 96건 중 지자체에서 조사를 완료한 11건은 신고내용이 사실과 다르거나 관계규정상 문제가 없는 것으로 나타났다고 한다. 적어도 현재까지는 용두사미에 불과한 것이다.

감정원이 추진하는 아파트 관리등급 인증사업도 이와 같이 되지 않을까 하는 우려가 크다. 감정원이라는 기관의 특성상 아파트 관리등급 인증사업은 아파트의 가치평가 측면에 치중되어 운영될 가능성을 우려하지 않을 수 없다. 이 사업이 서민들이 아파트를 거래할 때 적정 가치를 평가하는 데 도움이 될 것이라는 일각의 기대도 이러한 우려를 뒷받침한다.

또한 감정원이 가치평가적 요소가 아닌 공동주택의 공동체 활성화 정도, 낡은 아파트의 효율적인 관리기법, 관리에 있어서 입주자의 참여도 등 여러 척도들을 올바로 평가할 수 있는 기관인지, 이에 대한 충분한 준비 기간과 인적·물적 체계를 갖추었는지도 걱정이다. 자칫하면 열악한 환경의 노후 아파트 관리를 위해 애쓰는 입주자대표와 관리주체의 노고가 에너지 효율성이나 시설관리의 수월성을 갖춘 신규 아파트의 높은 평가에 묻혀 폄하되지나 않을지 걱정스럽다.

인증사업의 성패는 결국 입주자 및 관리주체의 인증결과에 대한 승복 여부에 달려 있는데, 인증사업의 법적·제도적 근거가 취약한 것도 문제이다. '내가 기준을 정하고 평가했으니 너희들은 군말 말고 따르라'는 방식으로는 부족하다. 공동주택관리와 관련된 정책은 일방적 평가와 줄 세우기, 규제의 신설, 처벌 엄포 등으로는 성공하기 어렵다. 정부와 공공기관은 이상적인 공동주택관리 모델을 개발하고 매뉴얼화하는 것, 우수 관리 사례를 발굴하고 이를 널리 전파하는 것, 취약 단지에 대한 지원을 강화하는 등의 후견적 역할이 주가 되어야 하고 규제·평가·감독은 부수적 수단이 되어야 한다.

따라야 할 규제와 감독은 나날이 늘어가고, 평가와 줄 세우기의 대상으로만 인식된다면 어느 누가 봉사직인 입주자대표로 나설 것이며, 어느 우수한 기업이 공동주택관리사업에 뛰어들 것인가?(2014년 11월 19일)

#공동주택 관리정보시스템 #아파트 관리등급 인증사업 #공동주택관리 비리

주택관리사의 자격정지, 취소제도에 관하여

한 아파트 입주민이 방화문 관리소홀로 소방관서에 민원을 제기했다. 소방관서에서 입주자대표회의에 과태료처분을 내리자, 해당 입주민은 시에 관리사무소장의 자격정지를 청구하는 민원을 제기했다. 시는 관리사무소장에게 45일의 자격정지처분을 내렸다. 관리비로 과태료를 냈으니 입주자 및 사용자에게 재산상 손해를 입힌 것이고, 주택법 제57조 제1항 제2호의 자격정지처분 사유에 해당한다는 것이 입주자의 주장이었다.

조사한 9개의 방화문 중 1개만 닫혀 있었고, 유사사례에서는 단 한 차례도 과태료처분이 내려진 적이 없었다는 점, 200만 원의 과태료처분이 가능함에도 불과 20만원의 과태료처분이 내려진 점, 주택관리사에 대한 행정처분이 내려지기 위해서는 "고의 또는 중대한 과실"이 있어야 하는데 해당 사안을 중대한 과실로 볼 수 있느냐는 점 등에서 이번 자격정지처분은 많은 논란을 불러일으키고 있다.

필자는 입주자가 관리사무소장의 자격을 취소 내지 정지해달라고 관할관청에 민원을 제기하는 사례를 다수 접하고 있다. 주택관리사에게는 자격취소는 물론이고 단기의 자격정지처분도 엄청나게 가혹한 결과를 가져다준다. 당장 근무하는 단지의 관리사무소장직을 내려놓아야 할 뿐만 아니라 행정처분을 받은 전력은 다시 일자리를 구하는 데 큰 오점으로 작용하기 때문이다. 연간 수억에서 수십억의 관리비를 집행하는 관리사무소장에게 불과 수십만 원의 관리비 집행이 잘못되었다고 자격정지처분을 내리는 현실은 무엇인가 불합리해 보인다. 그중에는 입주자대표회의 의결에 따라 단순하게 집행업무만 수행했던 사례도 많은데, 정작 의사결정을 했던 입주자대표들에게는 별다른 불이익이 없는데도 오직 주택관리사에게만 가혹한 처분이 내려진다면 형평에 맞다고 할 수 있을까?

위 사안에서 입주자대표회의에 과태료처분을 내린 소방관서나 주택관리사에게 자격정지처분을 내린 시 당국 모두 민원에 떠밀렸다는 느낌을 지울 수 없다. 선거에 의해 단체장이 선임되는 우리 지방자치단체의 특성상 민원에 쉽게 굴복하는 행정이 빈번하게 발생한다. 그렇다면 다른 전문가들의 사례는 어떠한가?

변호사의 경우 변호사협회에 설치된 징계위원회에서 영구제명, 제명, 3년 이하의 정직, 3천만 원 이하의 과태료, 견책 중 하나의 징계를 결정한다. 법무부 장관은 변호사가 기소(약식명령이나 과실범은 제외)되거나 징계절차가 개시되어 제명 이상의 징계가 이루어질 가능성이 큰 경우 법무부 징계위원회의 결정에 따라 업무정지를 명할 수 있다. 노무사의 경우에도 고용노동부에 설치된 공인노무사징계위원회에서 등록취소, 3년 이하의 직무정지, 1천만 원 이하의 과태료, 견책의 징계를 결정한다. 공인회계사도 독립적인 공인회계사징계위원회에서 등록취소, 2년 이하의 직무정지, 1년 이하의 일부직무정지, 견책의 징계를 결정한다.

이들의 징계체계가 주택관리사와 다른 점은 크게 두 가지이다. 전문가집단의 업무처리가 적정한지 여부를 올바르게 심사할 수 있고, 독립적인 지위를 보장받는 징계위원회가 구성되어 있다는 점이 하나이다(심지어 변호사의 경우 변호사협회가 징계를 결정한다). 두 번째로, 경미한 사안에 대해는 과태료나 견책 등 상응하는 징계가 가능하다는 것이다.

주택관리사의 업무에 대한 전문성과 징계절차에 대한 독립성이 담보되지 않고 있는 현행 주택법상의 자격취소·정지제도는 단체장의 성향에 좌우되거나 민원에 취약할 가능성이 상존한다. 또한 경미한 사안에 대해도 자격정지라는 과중한 처분을 할 수밖에 없는 구조이다. 물론 과중하거나 잘못된 자격취소나 정지처분에 대해서는 행정소송을 제기할 수 있으나 개인이 시장이나 도지사를 상대로 소송을 제기한다는 것은 엄청난 부담이 아닐 수 없다.

차제에 주택관리사 자격정지·취소제도는 개선해야 한다. 주택관리사제도의 중요성에 비추어 주택관리사의 배출, 주택관리사협회의 지위와 역할, 주택관리사 공제제도, 주택관리사 자격의 정지·취소를 비롯한 징계절차 및 징계위원회의 구성 등을 담은 주택관리사법을 제정할 시점에 와 있다. 그 전에라도 견책이나 과태료 등의 행정처분을 추가하고 징계위원회를 구성하는 등의 제도개선책이라도 마련해야 한다.(2015년 4월 22일)

#주택관리사 자격정지 #주택관리사 자격취소 #주택관리사법

주상복합건축물의 의무관리대상 소급적용

　2007년 4월 20일자 법률 제8383호로 주택법이 일부 개정되면서, 주택법상 사업계획승인을 받아 건설한 공동주택만 의무관리대상이던 것이 건축법상 건축허가를 득해 주택 외 시설과 주택을 동일건축물로 건축하는 경우, 즉 주상복합건축물도 의무관리대상에 포함되었다. 위 개정 법률은 1년의 유예 기간을 거쳐 2008년 4월 21일부터 시행되었다. 주상복합건축물에서 입주민들 간 관리 문제로 인한 분쟁이 빈발함에 따라 주상복합건축물도 주택법령에 의한 전문적이고 체계적인 관리를 하도록 주택법이 개정된 것이다. 그런데 위 개정 법률의 부칙조항은 시행 시기만 규정했을 뿐 개정 법률의 적용대상을 명확히 하지 않음으로써 혼란을 불러오고 있다.

　국토교통부와 각 지자체는 개정 주택법의 취지를 반영해 2007년 4월 20일 이전에 사용승인을 득한 주상복합건축물이라도 개정주택법의 적용을 받게 되므로 의무관리대상이라는 점을 명백히 하고 있다. 반면 성북구 소재 모 주상복합건축물의 의무관리대상 여부가 법적 쟁점이 된 사건에서 대법원은 "주택법이 개정됐더라도 특별한 규정 없이 그때부터 당연히 집합건물법(집합건물의 소유 및 관리에 관한 법률) 적용이 배제되고 주택법이 적용된다고 볼 수는 없다", "성북구가 주택법상 입주자대표회의도 아닌 주상복합건물 입주자대표회의에 대해 주택법에 근거한 시정명령을 한 것은 중대한 하자"라고 판시한 고등법원 판결을 확정했다.

위 대법원 판결이 선고된 이후에도 국토교통부는 해당 판결이 단일 사건에 대한 판단일 뿐이라며, 기존 입장을 그대로 유지하고 있는 실정이다. 하지만 다른 사건에 대한 분쟁에서 법원의 판단이 바뀌리라 기대하는 것은 무망해 보인다.

주상복합건축물의 관리에 적용될 법률은 집합건물법과 주택법 둘 중 하나일 수밖에 없다. 그런데 집합건물법은 제정 당시부터 부칙 제6조(주택건설촉진법과의 관계)에서 "집합주택의 관리방법과 기준에 관한 주택건설촉진법의 특별한 규정은 그것이 이 법에 저촉해 구분소유자의 기본적인 권리를 해하지 않는 한 효력이 있다"고 규정한 이래 2012년 12월 18일 법률 제11555호로 일부 개정되어 제2조의 2(주택법과의 관계)가 "집합주택의 관리방법과 기준, 하자담보책임에 관한 주택법의 특별한 규정은 이 법에 저촉되어 구분소유자의 기본적인 권리를 해치지 아니하는 범위에서 효력이 있다"는 내용이 신설되기까지 일관되게 집합건물의 관리에 관해서는 주택법보다 집합건물법이 우선한다는 입장을 견지하고 있다.

의무관리에 관한 주택법령의 규정은 관리방법의 결정 및 변경, 입주자대표회의 구성 및 해임, 관리규약의 개정 등에 있어 입주자뿐만 아니라 사용자의 권한도 보장하고 있다. 반면 집합건물법은 관리인 선임이나 관리위원회의 구성, 관리규약의 제정 및 개정 등 주요한 관리사항에 대해서는 구분소유자의 권리만 인정될 뿐 사용자의 참여는 제한되어 있다. 따라서 집합건물법이 적용되어야 할 주상복합건축물의 관리에 관한 사항에 주택법령을 적용하게 되면 구분소유자의 권리를 침해하는 결과가 초래되며, 이는 구분소유자의 기본적 권리를 해치치 않는 범위에서만 주택법의 적용을 허용하는 법 규정에 명백히 반한다.

법 개정 전 이미 집합건물법에 근거해 관리단을 구성하고 집합건물관리를 지속해왔던 사실을 감안하면 그로 인해 구분소유자들에게 부여된 권리도 마땅히 존중되어야 한다. 개정 주택법의 취지를 살리고자 한다면 다시 법을 개정해 부칙규정에 그 적용대상을 명확히 할 일이지, 법 해석의 범주를 벗어난 행정관청의 유권해석으로 판례를 무력화시키는 것은 바람직하지 않다.(2015년 6월 17일)

#주상복합건축물의 관리 #사용자의 권한 #구분소유자들의 권리

공동주택관리시대의 개막

　공동주택관리법이 2015년 7월 24일 국회 본회의를 통과했다. 주택의 건설·공급·관리·자금조달 등을 포괄해 규정하고 있던 주택법의 시대가 저물고, 공동주택관리를 체계적·효율적으로 지원할 수 있는 공동주택관리법 시대가 열린 것이다. 이로써 주택법은 주택건설·공급·투기억제 등으로 그 역할이 축소되었고, 동시에 공동주택관리법·주거기본법·주거급여법·주택도시기금법 등으로 분법이 완료되었다. 재석의원 183명 중 1명의 기권을 제외하고 182명 국회의원의 찬성으로 공동주택관리법이 의결된 것은 공동주택관리법의 필요성에 대한 전 국민적 공감대의 정도를 나타내주고 있다.

　공동주택관리법에는 관리사무소장에 대한 입주자대표회의의 부당간섭을 배제하는 규정이 보완되었고, 경비원 등 근로자의 처우개선을 위한 조항도 신설되었다. 국토교통부에는 중앙 공동주택관리 분쟁조정위원회를, 각 지자체에는 지방 공동주택관리 분쟁조정위원회를 설치하여 입주자대표회의의 구성·운영 및 동별 대표자의 자격·선임·해임·임기, 관리비와 사용료 및 장기수선충당금 등의 징수·사용, 층간소음, 혼합주택 단지에서의 분쟁 등에 관한 사항을 다루게 하였고, 조정이 성립되면 중앙 공동주택관리 분쟁조정위원회의 경우에는 재판상 화해의 효력이, 지방 공동주택관리 분쟁조정위원회의 경우에는 조정조서의 효력이 각각 부여되도록 했다.

이와 함께 공동주택관리와 관련된 민원상담 및 교육, 공사용역 자문, 관리상태 진단, 공동체 활성화 등의 업무를 체계적으로 지원하는 공동주택관리 지원기구도 설치된다. 공동주택관리와 관련된 민원과 분쟁이 폭증하고 있고 관리비 관련 비리가 좀처럼 줄어들지 않는 현실에서, 공동주택관리법의 제정을 통해 신설·보완되는 여러 제도와 기구들이 공동주택의 투명하고 체계적인 관리에 크게 기여할 것으로 기대된다.

8월 11일 공포되어 1년 뒤부터 시행되는 공동주택관리법의 시행령, 시행규칙 등 하위법규의 정비를 위해 국토교통부는 전문가회의 및 공청회 등을 거칠 예정이라고 한다. 모쪼록 시간에 쫓기지 말고 공동주택관리법의 취지를 올바로 살릴 수 있는 하위법규의 정비가 이루어지길 바라는 마음에서 필자의 의견을 몇 가지 제시해보고자 한다.

우선 관리주체의 입지와 권한을 강화할 실효성 있는 후속 조치가 이루어져야 한다. 입주자대표회의의 부당한 간섭을 시장 등에게 보고하고 사실조사를 의뢰할 권한을 관리사무소장에게만 부여한 것은 아쉽다. 시장 등의 사실조사 및 행정처분은 위탁관리업체나 입주자 등의 문제제기에 의해서도 발동될 수 있도록 해야 한다. 시장 등에의 보고나 사실조사 의뢰를 이유로 관리사무소장을 해임하거나 해임 요구한 경우에만 과태료를 부과하고 부당간섭이 사실로 드러난 경우에는 시정명령 등 행정처분만 가능하도록 한 부분도 미흡하다. 관리주체에게 부과된 의무와 책임을 다할 수 있도록 입주자대표회의의 부당간섭을 강력히 규제할 대안이 마련되어야 한다.

입주자대표회의에서 의결한 공동주택의 운영·관리·유지·보수·교체·개량에 관한 업무와 이를 집행하기 위한 관리비 등의 청구·수령·지출 및 관리업무에 대하여 관리사무소장에게 재판상 대리권을 준 부분도 시정되어야 한다. 이는 변호사 단체의 반대의견에도 불구하고 별다른 수정 없이 국회를 통과했다. 주택관리사 자격시험에서 소송대리를 수행할 만큼의 법률적 전문성을 검증하지 못하는 것이 현실인데 관리사무소장에게 소송대리권한을 부여한 것은 과도한 책임전가이다. 법무사의 소액사건 소송대리권도 부인하고 있는 현행 법체계와도 맞지 않고, 일선 주택관리사 등의 심적·업무적 부담을 고려하지 않은 과잉입법이다.

또한 국토교통부 장관이 지정하여 고시할 공동주택관리 지원기구를 어디로 할 것인지, 국토교통부에서 공동주택관리 지원기구에 출연 내지 보조할 예산의 범위를 어느 정도 규모로 책정할 것인지는 공동주택관리법 시행을 맞는 국토교통부의 의지와 결단을 가늠할 시금석이 될 것이다.

이런저런 의구심과 걱정을 넘어 올해와 내년이 공동주택관리의 혁명적 변화의 시발점이 되길 간절히 기원한다. (2015년 8월 19일)

#공동주택관리법 #관리주체 권한 강화 #관리사무소장 재판상 대리권

아이들 밥 챙겨주는 엄마 같은 아파트

 2010년경으로 기억한다. 서울시장 및 시의원을 선출하는 6·2 지방선거 당시부터 무상급식에 관한 논란이 촉발되었다. 찬반양론이 치열했고, 서울시 집행부와 시의회는 한 치의 양보나 타협도 없이 격돌했다. 결국 오세훈 서울시장이 무상급식 시행에 관한 주민투표가 무산된 데 따른 책임을 지고 사퇴했다.
 이후로도 '무상급식'이라는 화두는 정치권의 편가르기와 정파적 이해관계에 악용되면서 우리나라 복지정책에 대한 전반적인 검토와 생산적 논의로 이어지지 못했다. 정치인들의 싸움 때문에 무상급식은 6년여간 중단과 반복을 되풀이했고, 앞으로도 정치지형의 변화에 따라 언제든 과거로 회귀할 수 있는 불씨를 안고 있다.
 최근에도 경상남도와 도교육청은 도의 무상급식 예산지원에 따른 감사를 도교육청이 허용할 것인가를 두고 감정싸움을 벌였고, 그

와중에 무상급식은 중단되었다. 무상급식이 아니면 가정형편으로 점심을 굶거나 눈칫밥을 먹어야 하는 아이들이 있다. 어릴 적 먹거리로 설움을 겪어봤던 필자는 어른들 싸움 와중에 밥 한 끼로 눈치를 봐야 하는 아이들 생각에 가슴이 아프다.

경북 경산시의 H아파트에서는 수년째 방학 기간 동안 맞벌이 부부나 결손가정 아동들에게 점심식사를 제공하고 있다. 30가구에 가까운 가정의 아동들이 혜택을 입고 있다. 무상급식이 시행되더라도 학교를 가지 않는 방학 동안에는 우리 주변에서 결식아동들의 한 끼 식사가 방치되는 경우가 많다. 그래서 한국토지주택공사에서는 방학 중 부모들이 안심하고 직장생활을 할 수 있도록 돕고 불규칙한 어린이들의 급식을 해결하기 위해 식재료와 조리사 등을 지원하는 사회공헌 프로그램을 운영하고 있다.

H아파트 관리사무소는 한국토지주택공사의 프로그램에 신청하여 점심을 제대로 챙겨 먹지 못하는 단지 내 아동들의 한 끼 식사를 여름과 겨울방학 동안 5년째 제공 중이다. 더하여 관리사무소장과 관리사무소 직원들 및 단지 내 입주자들의 재능기부로 아이들에게 다양한 취미활동 및 창의적 학습기회를 제공하는 체험교실도 병행한다. 한 끼 밥에 더하여 풍선아트, 독서 및 체육활동, 종이접기 등의 프로그램을 통한 애정과 관심이 아이들에게 전해진다는 말에 내 가슴까지 따뜻해졌다.

공동주택관리업무가 얼마나 방대하고 복잡한지는 해본 사람만이 안다. 관리사무소장을 비롯한 관리사무소 직원들은 입주자들의 관리비 절감을 위하여 최소한의 인력으로 벅찬 업무를 꾸역꾸역 수행한다. 그렇다고 이들에 대한 급여와 휴가 등 대우가 훌륭한 것도 아니다. 정해진 업무만 수행하기도 바쁜 와중에 이런 프로그램을 고민하고, 알아보고, 준비하고, 진행하는 것은 결단코 쉬운 일이 아니다. 누가 시킨 것도 아니고, 열심히 한다고 상이 보장된 것도 아니다. 한 끼를 챙겨주어야 할 아동이 얼마나 되는지, 그 가정의 형편은 어떤지, 프로그램에 참여한 아동들이 꼬박꼬박 찾아오는지, 와서 제대로 식사를 하고는 있는지 등을 식사일지까지 만들어 세세하게 챙기는 관리사무소 직원들의 마음은 엄마의 마음, 바로 그것에 다름 아니다. 그래서 명칭도 '엄마손 밥상 프로그램'이라고 한다.

   내가 잘 챙기지 못하는 자녀를 함께 품어주는 이러한 활동이 공동체의식의 출발이며, 공동체 활성화 사업이다. 관리사무소 직원들이 입주자 자녀들의 한 끼 식사까지 고민하고, 이에 대한 고마움이 쌓인 입주자들이 관리사무소 업무의 고충에 대한 이해나 협조를 다짐하는 순간 서로 진정한 이웃이 되고 가족이 되는 것이다. 이 아파트 입주자대표회의, 부녀회, 경로회 등과 관할 자치단체도 관리사무소의 선행에 당연히 힘을 보태고 있을 것이라 굳게 믿는다. (2015년 9월 16일)

#방학기간 결식아동 문제 #엄마손 밥상 프로그램